aruco

東京で楽しむ
台湾

aruco TOKYO×TAIWAN

こんどの休日も、
いつもと同じ、お決まりコース？

「みんな行くみたいだから」
「なんだか人気ありそうだから」
とりあえず押さえとこ。
でも、ホントにそれだけで、いいのかな？

やっと取れたお休みだもん。
どうせなら、いつもとはちょっと違う、
とっておきの1日にしたくない？

『aruco』は、そんなあなたの
「プチぼうけん」ごころを応援します！

◆ 女子スタッフ内で**ヒミツにしておきたかったマル秘スポット**や**穴場のお店**を、
  思い切って、もりもり紹介しちゃいます！

◆ 行かなきゃやっぱり後悔する**テッパン名所** etc. は、
  みんなより**一枚ウワテの楽しみ方**を教えちゃいます！

◆ 「東京で**こんなコト**してきたんだよ♪」
  トモダチに**自慢できる体験**がいっぱいです。

> もっともっと、
> 新たな驚きや感動が
> 私たちを待っている！

さあ、"東京で楽しむ台湾"を見つけに
プチぼうけんに出かけよう！

arucoには、あなたのプチぼうけんをサポートする
ミニ情報をいっぱいちりばめてあります。

arucoスタッフの独自調査による
おすすめや本音コメントもたっぷ
り紹介しています。

もっとお得に快適に、限られた時
間で旅を楽しみつくすテクニック
や裏ワザを伝授！

中央線の台湾を見つける！
TOTAL 10時間

オススメ時間 10:30〜
予算 お買い物次第

午前中から夜まで遊ぶ！
誠品生活日本橋店のオープンと同時に入
店。媽祖廟に寄って開運祈願をし、台湾
食材も調達。台湾カフェでほっこり休憩
しながら、店主との交流も楽しもう♪

プチぼうけんプランには、予算や
所要時間の目安、アドバイスなど
をわかりやすくまとめています。

■発行後の情報の更新と訂正について
発行後に変更された掲載情報は、『地球の
歩き方』ホームページ「更新・訂正情報」
で可能な限り案内しています（ホテル、
レストラン料金の変更などは除く）。旅行
の前にお役立てください。
URL book.arukikata.co.jp/support/

知っておくと理解が深まる情報、
アドバイス etc. をわかりやすくカ
ンタンにまとめてあります。

右ページのはみだしには編集部か
ら、左ページのはみだしには旅好
き女子の皆さんからのクチコミネ
タを掲載しています。

物件データのマーク

🏠 ……住所　　　　　　　予 ……予約の必要性
☎ ……電話番号　　　　　 交 ……交通アクセス
🕐 ……営業時間、開館時間　URL……ウェブサイトアドレス
休 ……定休日　　　　　　✉ …E-Mail アドレス
￥ ……料金、予算

MAPのおもなマーク

✪ ……見どころ　　　　　S ……ショップ
R ……レストラン＆バー　H ……ホテル
C ……カフェ　　　　　　B ……ビューティ＆スパ

本書は2021年3〜4月の取材に基づいていますが、記載の営業時間と定休日は通常時のものです。
特記がない限り、掲載料金は消費税込みの総額表示です。
新型コロナウイルス感染症対策の影響で、営業時間、臨時休業、仕入れの状況などが、大きく変わ
ることがありますので、最新情報は各施設のウェブサイトやSNS等でご確認ください。
また掲載情報による損失などの責任を弊社は負いかねますのでご了承ください。

東京で台湾をプチぼうけん！
ねえねえ、どこ行く？なにする？

東京には台湾を感じられる
スポットがいっぱい！
台湾LOVERもナットクの体験を
ピックアップ♡
ビビッときたものには
ハナマル印をつけておいて！

東京×台湾生まれの
パイナップルケーキ　**P.78 →**

台湾人クリエイターによる
激かわグッズを狙い撃ち！　**P.70 →**

オンラインショッピングで
日台のいいものをハント！　**P.92 →**

4

どっぷり台湾気分に浸れちゃう
これは絶対やりたい！ 食べたい！ ゲットしたい！

JR中央線は台湾妄想トリップができちゃう夢の路線だった！
P.16

東京は洗練された台湾料理の宝庫☆
伝統系から創作系まで味わって♡
P.50

開運やエンタメもカバーしましょ♪

ちょっと早起きして
台湾朝ごはんでお目覚め♪
P.48

台湾カルチャーの聖地巡礼！
誠品生活日本橋の最強ガイド
P.20

心ときめく小籠包は
個性豊かなラインアップ！
P.46

ボーダレスで学んじゃお♪
オンラインレッスン続々登場
P.40

今行くべきマッサージは、
台湾生まれの足ツボ健康法！
P.88

台湾エンタメを深掘るなら
インディーズからどうぞ♡
P.38

Contents

aruco 東京で楽しむ台湾

- 8 台湾を感じる！東京かんたんエリアナビ
- 10 aruco 最旬 TOPICS
- 12 東京で台湾を楽しむ★究極1日プラン

15 東京にいながら台湾気分！食べて買って祈って学んでよくばりプチぼうけんへ！

- 16 ①グルメにショッピングに観光に！　台湾欲を満たす1day中央線巡り♪
- 20 ②最旬台湾カルチャーにどっぷり♥　誠品生活日本橋を楽しみつくす！
- 24 ③ディープに台湾を感じたいならここ！　台湾LOVERの「推しスポット」を制覇♪
- 28 ④台湾生まれの万能家電　「電鍋」を使って台湾料理クッキング！
- 32 ⑤東京にもいらっしゃった♥　縁結びの神様・月下老人さまにおまいり
- 36 ⑥頭から足の先まですっきりリフレッシュ♪　台湾リラクセーションワールドに没入！
- 38 ⑦ハマる人続出！プロが推薦する　エンタメカルチャーをぐぐっと深掘り
- 40 ⑧今、オンラインレッスンが楽しい！　おうちで台湾料理＆台湾茶を学ぼ♪

43 おなかも心も満たす　大好きな台湾の味を東京でとことん食べつくそ！

- 44 台湾グルメのNEWエース　ふわふわ台湾カステラVSサクサク巨大唐揚げ
- 46 aruco調査隊❶ やっぱりハズせない必食グルメ　小籠包の名店を実食調査！
- 48 都内にじわじわ浸透中！　台湾朝ごはんでお目覚め
- 50 個性派揃いの台湾料理店で口福TRIP♡
- 54 ちゃんと食事派もおやつ派も大満足！台湾のソウルフード小吃を食べつくし
- 56 aruco調査隊❷ 小吃の人気者★ 魯肉飯を編集部が実食調査！
- 58 人数と気分で選べる　アツアツ火鍋はいかが？
- 60 バリエーションは本場さながら！　進化し続けるドリンクスタンド
- 62 秒で笑顔になれちゃう！　都内えりすぐりの台湾スイーツ
- 66 台湾茶を楽しむなら　モダン茶藝館＆カフェへ♪

 グルメ　 ショッピング　 ビューティ　 お取り寄せ　 おさんぽ　 情報

69 今日は爆買い解禁です♡ おいしい＆かわいい"台湾充"ショッピング

70 台湾リピーターの心もわしづかみ！ 台湾雑貨＆ファッションハント

74 モダンから老舗まで　香り高い台湾茶をおうちで楽しんじゃお！

78 （aruco調査隊 ③）台湾を代表する伝統スイーツ　パイナップルケーキを食べ比べ♪

80 人と差がつく♪台湾スイーツをおもたせに

82 （aruco調査隊 ④）食品スーパーにある台湾の味を徹底リサーチ！

85 自然素材や伝統の技が光る！ 台湾の知恵が詰まったコスメ＆マッサージで美を磨いちゃお！

86 素肌力をぐぐっと上げる台湾発の優秀コスメ♡

88 リピ確定！本格足裏マッサージで痛気持ちいい〜体験！

91 おうち時間も台湾ハント！ 台湾現地＆日本国内のオンラインショップ

92 台湾のオンラインショップで愛しのM.I.Tを大量ゲット♡

98 おうちで台湾満喫　国内オンラインショップ

101 毎週でも行けちゃう♪ 東京の「まるで台湾」なエリア別おさんぽコース

102 カロリーオーバーは気にしない！吉祥寺＆西荻窪で食べ歩き

104 サブカルが集まる下北沢でお買い物＆小吃探索

106 のんびり台湾茶を楽しみながら自由が丘をぶらり散策♪

108 台湾式シャンプーからスタート！池袋でディープ台湾体験

110 夕方から繰り出そう！神楽坂のとっておき店を飲み歩く♪

112 東京から足を延ばして　手軽に旅気分を味わえる横浜中華街へ

114 MAP

122 台湾料理図鑑　中国語会話

124 東京交通ガイド＆ おうち台湾テクニック

126 インデックス

aruco column

42 リアルツアー＆オンラインツアー

68 台湾メイドのクラフトビール＆ウイスキーに注目！

84 いつものルーティンに漢方を取り入れる

90 太極拳でヘルシーな体を手に入れる

100 代行購入で台湾ロスをすっきり解消♪

台湾を感じる！ 東京かんたんエリアナビ

台湾グルメを食べ歩くだけじゃない、東京には知られざる台湾がいっぱい！
お出かけ前にエリアマップを見てささっと予習しよう♪

注目エリア Check!

台湾小吃、密集エリア！
吉祥寺・西荻窪 P.102

台湾なスポットが多いJR中央線沿線のなかでも、特に注目したいエリア。台湾朝食、胡椒餅、伝統スイーツ、台湾風居酒屋まで朝から夜まで堪能しよう。

まだ知らない台湾と出会える街
下北沢 P.104

台湾生まれのカルチャーに触れるなら、このエリアはハズせない。台湾音楽や文学に浸ったあとは、こだわりの屋台料理店でサク飲みして帰ろう。

日常を忘れてのんびり過ごして
自由が丘 P.106

茶藝館でこだわりの台湾茶とお茶請けをいただきながら、ゆるりと日常をリセット。台湾ドリンク片手に散策したり、チェン先生の日常着を大人買いを。

大久保
東京媽祖廟（P.32）や中華スーパーの華僑服務社（P.83）があるエリア。

渋谷
ドリンクスタンドの春水堂（P.61）ほか台湾唐揚げ専門店も。

日本にいることを忘れる！
池袋 P.108

中国語が飛び交う池袋駅北口方面から出て要町まで。台湾シャンプー、ベジタリアンカフェ、中華スーパー、カラオケで〆るの。

秘密にしたい穴場
神楽坂 P.110

大人気のFUJI COMMUNICATION（P.57、110）をはじめ、美食家をうならせる穴場が点在する。ぜひ夕方から繰り出して！

便利なターミナル駅もCheck!

新宿
東側も西側もディープ!
本格台湾料理を味わえる台湾佐記麺線＆台湾食堂888（P.17）、本格足裏マッサージが体験できる舒爽館（P.88）も!

五反田
住宅街にできる行列
東京豆漿生活（P.48）、行列必至の台湾唐揚げ丼「アジア食堂 五香粉」（Map P.118-C2）など街なかに溶け込む名店を探そう。

上野
アメ横でアジア旅行気分
「アメ横センタービル」（Map P.117-B3）の地下食品街は台湾の市場のような雰囲気。さまざまなアジア食材が手に入る!

東京駅・日本橋
東京の中心部で台湾を満喫
誠品生活日本橋（P.20）でのんびり過ごしたら、鼎泰豐 東京駅八重洲口店（P.46）で本格小籠包をほお張る!

銀座・新橋
本格台湾料理とスパ激戦区!
台湾人夫婦が迎えてくれる台湾料理店がある新橋エリアと、足裏マッサージ店やスパが点在する銀座エリア。

台湾の 2022年イベントカレンダー

1月1日	中華民國開国記念日
1月29日～2月6日	春節
2月28日	和平記念日
4月5日	清明節
4月30日	労働節
6月3日	端午節
9月10日	中秋節
10月10日	国慶日

東京で体験する台湾の3大節

1 春節（旧正月） 旧暦1月1日
赤で彩られる台湾の新年
旧暦大晦日に家族で食事。台湾もお年玉（紅包）やおせち料理（年菜）を食べ、元旦は廟に参拝に行く。縁起のよい赤い正月飾りを飾る。

2 端午節 旧暦5月5日
東京の料理店でもチマキが登場
地域により異なるチマキを食べ、ボートレースが開催。端午節の正午は太陽と地球の引力が同じになると伝わり、生卵を立てる風習もある。

3 中秋節 旧暦8月15日
日本でいう十五夜のこと!
満月は家族団欒・円満という意味があり、月餅や文旦を食べる。台湾ではBBQをする習慣も。サニーヒルズなどで月餅が登場する。

そのほかのイベント

冬至 12月22日
湯圓と呼ばれる団子を食べて家族円満を願う。元宵節（旧暦1月15日）にも湯圓を食べる。

清明節 4月5日
ご先祖さまのお墓参りをする。家族で食卓を囲み、台湾風春巻き（潤餅）を食べる習慣がある。

aruco最旬 TOPICS

G GOURMET

台湾を代表する茶色系グルメが大ブーム！ カステラ、唐揚げ、魯肉飯の次は……豆活に注目！

2021年5月 New Menu

春水堂渋谷マークシティ店
チュンスイタンシブヤマークシティテン
DATAは→P.25

空前の豆活ブーム到来！
鹹豆漿＆豆花は もう食べた？

店舗限定で、平日8時から台湾モーニングメニューが登場した。鹹豆漿セット550円、台湾風ちまきセット650円など。

LaTREE 果茶果酒
ラ・ツリー カチャカシュ

台湾茶シロップをかけて味わう茶豆花が新登場！旬のフルーツ茶豆花960円ほか2種。

Map P.118-A1 原宿
🏠 渋谷区神宮前3-22-11 ☎03-6384-5733 🕚 11:00〜20:00 無休 地下鉄明治神宮前駅5番出口から徒歩3分、JR原宿駅東口から徒歩6分

2021年4月 New Menu

2021年4月OPEN

1. 台北夜市豆花 1080円 2. 大ジーパイ 780円。国産みちのく鶏使用。5種のスパイスから選ぶ 3. ツァイントウ 台湾おにぎり 680円

屋台グルメが楽しめるデリバリー。台湾ドリンクも飲める！Uber eatsのほか、富錦樹台菜香檳（→P.53）でテイクアウト可能。

富錦樹台菜香檳プロデュースの
東京台北夜市が デリバリー開始！

東京台北夜市
トウキョウタイペイヨイチ

2021年3月OPEN

サクサク！

秘伝のレシピで作る
台湾唐揚げ専門店
林家排骨の パイコーって？

看板メニューの排骨（パイコー）は、秘伝のたれにひと晩漬け込んでから薄い衣でサクッと揚げた台湾ロースカツ。本格的なスパイスがたまらない！

2021年6月 New Menu

2021年4月 New Menu

夜限定

上：贅沢9種類の台湾前菜花小皿ランチ 1690円　左：台湾ミニ回転テーブル前菜9種盛り合わせ 1518円

昼飲み大歓迎！
ちょっとずつ楽しむ
台北餃子専門店 張記の新ランチ

2021年3月オープンの店舗。ピータン豆腐、蒸し鶏のネギ塩まみれなどの小皿が付くので、台湾ビールと一緒にいかが？

林家排骨 リン・パイコー
Map P.117-B4 浅草
🏠 台東区浅草1-18-12 ☎03-5246-3930 🕚 11:00〜19:00 無休 地下鉄浅草駅雷門1番出口から徒歩3分

1. 台湾ロースカツ「パイコー」500円
2. 台湾フライドチキン「ザージーパイ」（→P.45）や台湾ルーロー飯 750円ほか
3. パイコー飯 750円

台北餃子専門店 張記 経堂店
タイペイギョウザセンモンテン チョウキ キョウドウテン
Map P.114-B1 経堂
🏠 世田谷区経堂1-23-16 ☎03-5799-4588 🕚 11:00〜23:00（L.O.22:00）無休 JR経堂駅南口から徒歩3分

日本上陸ラッシュが続き、本格的な台湾を楽しめるようになった東京。
いち押しスポットをぎゅっとまとめて紹介！

C ULTURE

2021年5月 START!

1. 第一弾のテーマは台湾の歴史 2. 期間中リーフレットが無料配布される

台湾文化センター×誠品の 台湾Culture Meetingで台湾文学を学ぼ♪

注目を集める台湾文学の世界。シーズンごとにテーマを設け、書店展示や講座を開催している。日本語訳された名作と出会えるチャンス！

台湾Culture Meeting
タイワンカルチャー ミーティング
URL https://jp.taiwan.culture.tw/

2021年5月 START!

おうちで楽しめる台湾音楽や台湾文学の世界。メジャーもインディーズも楽しんでみて♪

日台アーティストのオンライン音楽交流プロジェクトが始動！

音楽業界もオンライン化が進み、ボーダレスな音楽活動に注目が集まる。日台のアーティストが双方に海外展開できるプラットフォームが登場！

日台アーティストの対談記事やおすすめ楽曲プレイリストを公開中！

Our Favorite City ニッポン×タイワン オンガクカクメイ
アワー フェイバリット シティ 〜ニッポン×タイワン オンガクカクメイ〜
URL our-favorite-city.bitfan.id

T AIWANESE TEA

コンビニやスーパーで見かけるようになった台湾茶。気になる商品をピックアップ！

1. 2. 日日好日随身盒 各400円。ティーバッグ各2個入り 3. 茶日子オリジナル 大稲埕 Mini金缶（日月潭紅玉紅茶）1980円

天然・無添加にこだわる 茶日子の日本公式オンラインショップがオープン！

2021年 5月OPEN

台湾茶をベースに、良質原料をブレンドした茶葉が揃う。いち押しは、四季春烏龍＋キンモクセイがさわやかな桂花烏龍茶。

茶日子 Dae by Day
チャーリーズ デイバイデイ
URL tomoxtomo.base.shop

ハイクオリティの台湾茶飲料が続々登場！

2021年4月 release

1. Tokyo Tea Tradingの白桃烏龍茶 24本3110円 2. Lecafeの台湾檸檬烏龍茶 1本130円、24本3110円

2021年2月 自社サイト販売開始

台湾茶をベースにしたペットボトル飲料が増加中。期間限定品も多いので、箱買いしておくのがおすすめ。

B EAUTY

台湾発のコスメブランドが続々と日本進出をしていて目が離せない！要チェック！

肌と地球に優しい 台湾コスメブランドのリリースラッシュが止まらない！

バケ買い必須のコスメブランドふたつ！アジア女性の肌に合う色味で、美容成分配合。パッケージは紙製なのでエコ！

2021年3月 release

Ready to Shine
レディ トゥ シャイン
童話の世界観がかわい過ぎる。ビタミンEとホホバオイル配合。
URL pos-tec.jp/ready-to-shine/

「不思議の国のアリス」「白雪姫」がモチーフのパレット各3680円

Speio スペイオ
幻想的で美しいパッケージ。流行に左右されない発色が特徴。
URL pos-tec.jp/speio/

2021年4月 release

1. 3.「海の中へ」パレット各2860円。自然な仕上がりになるタルクフリー・鉱物油フリー 2. リップ＆チークスティック1980円。1本2役の優秀リップ

東京で台湾を楽しむ aruco的 究極1日プラン

プチぼうけんしちゃうぞ！

小吃や茶藝館など台湾定番を広くカバーするスタンダードプラン、
ヘルシーに運気アップを目指す開運＆デトックスプラン、
おうちで楽しむプランに分けて、arucoのおすすめを紹介！

Plan 01 スタンダードな王道プラン

台湾朝ごはんからスタート！
主要エリアを巡って誠品生活で〆る！

9:00「東京豆漿生活」で朝ごはん P.48

鹹豆漿×揚げパン♡

電車約5分

10:00 朝ごはんをハシゴ！「阿美パン」もチェック P.26

台湾パンがずらり！

電車約10分

11:00 自由が丘をお散歩 P.106

「HAO-YIFU」「台湾茶席 蓮月庭」
「はちかくストア」etc.で
ショッピング＆ひと休み

落ち着いた空間でほっこり

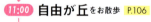

電車約10分

13:00 渋谷駅の乗り換え途中で
「台湾鶏排と
タピオカ
ミルクティーの店
KAPI TAPI 」に
立ち寄り
P.45

特大サイズの台湾唐揚げ！

電車約6分

14:00 下北沢をお散歩 P.104

「大浪漫商店」
「RIRI MARKET」
etc.でお買い物＆
台湾カルチャーに沼る

電車約11分

16:00 吉祥寺をお散歩 P.102

「台湾カフェ 月和茶」
「KIKICHA TOKYO」etc.で
小腹を満たす

電車約35分

18:30「誠品生活
日本橋」で
〆の夜ご飯＆爆買い♡
P.20

台湾雑貨がいっぱい！

Plan 02 開運&デトックスプラン

太極拳で気の巡りを整えてから
東京媽祖廟で開運祈願。
元気があれば、横浜中華街にも♪

9:00 「Cayuzo お粥と汁なし担々麺」で
ヘルシーご飯 P.49

電車約3分

10:20 「全日本柔拳連盟 渋谷駅前教室」の
太極拳レッスンに参加 P.90

広々していてきれい♪

徒歩約10分

12:00 「春水堂 渋谷マークシティ店」で
ひと休み P.10, 25, 61, 68

臭臭鍋をハフハフ

徒歩約5分

13:00 「Boiling Point」で
ひとり鍋ランチ P.58

電車約10分

14:30 「東京媽祖廟」で
月下老人さまを参拝 P.32

電車約6分

16:00 池袋をお散歩 P.108

「ahsin hair room 池袋店」で
台湾シャンプー
「TSUMUGU CAFE」で
お茶タイムetc.

散策途中にすっきり爽快!

電車約5分

19:00 「舒爽館」で足裏マッサージをして
1日の疲れをリフレッシュ P.88

まずは足湯からスタート!

 もっと攻めたい方は!

「横浜中華街」で参拝&食べ歩き P.112

開運スポットも!

ちょっと足を延ばして、池袋から
乗り換えなしで行ける横浜中華
街。夜は夜市みたいな雰囲気に♪

13

Plan 03 おうちで台湾活プラン
脳内台湾カルチャーに染まるおうち時間。
人気店の味もオンラインでお取り寄せ！

9:00 「KALDI COFFEE FARM」の シェントウジャンの素で
朝ごはん作り P.83

台湾豆乳で作る本格派

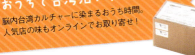

15:00 オンラインレッスンで おうち茶藝館
P.41

すてきな茶器♡

17:00 台湾の通販ショップ 「Pinkoi」で 新作をポチポチ
P.26, 79, 92

10:00 台湾書籍で読書タイム。「DAYLILY 誠品生活日本橋店」の 薬膳茶とともに P.84

薬膳で体を温める

18:00 「東京台湾」の オンラインストアで買っておいた 水餃子で夜ごはん P.52

お店の味のまま超おいしい♡

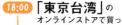

12:00 電鍋を使って 魯肉飯作りに挑戦！
P.28

お部屋を明るく彩る

20:00 台湾メイドの コスメでバスタイム。お風呂上がりはネイルも♪
P.86

きれいなピンクで気分が上がる！

14:00 Uber Eatsで「台湾甜商店 新宿店」を デリバリー
P.17, 44, 65

モチモチ生地がやみつき〜

21:00 台湾ビール＆スナックを つまみながら、台湾映画鑑賞！
P.83, 109

台湾充電完了！

14

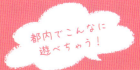

都内でこんなに遊べちゃう！

東京にいながら台湾気分！食べて買って祈って学んでよくばりプチぼうけんへ！

妄想プチ旅行に誠品、電鍋、エンタメ、台湾シャンプー、開運スポット……
台湾カルチャーをあらゆる方面からしっかり見つめて、
パスポートいらずの台湾を、もっともっと楽しんじゃお☆

プチぼうけん ①

グルメにショッピングに観光に！
台湾欲を満たす1day中央線巡り♪

東京駅から中央線に乗って三鷹駅まで！定番の台湾グルメから開運、台湾雑貨など魅力的なスポットがめじろ押し。弾丸台湾トリップに繰り出そう！

東京にいること忘れそう！
電車で巡る妄想台湾旅♪

JR中央線沿線は、台湾なスポットが点在する、すてき路線！台湾発の有名店から台湾人店主が切り盛りする小さな穴場まで。台湾を見つける旅に出かけよう♪

必吃！好好吃〜

皮の厚さや美しいひだの数まで台北店と同じ

11:30

HPから予約をしておくと並ばずに入店できる！

半透明の薄皮にスープたっぷり！

注文を受けてから作ります

やっぱりここはハズせない！

鼎泰豐 東京駅八重洲口店
ティンタイフォン トウキョウエキ ヤエスグチテン

日本国内に24店舗を展開。本国から日本の点心師へ継承された技と味が堪能できる。

DATAは → P.46

東京 TOKYO ▽ ▽ 神田 KANDA

12:30

レトロかわいいインテリアに気分も上がる！

台湾の伝統スイーツ豆花♡
東京豆花工房
トウキョウマメハナコウボウ

2015年に都内初の台湾伝統の豆花専門店としてオープン。防腐剤や香料は一切使用せず、昔ながらの製法で作られた、本場仕込みの豆花。厳選素材にこだわる。

DATAは → P.63

独自のブレンドで作る甘すぎないシロップ

なめらか食感がしあわせ！

START 10:30

ここに寄ってからスタート
誠品生活日本橋
セイヒンセイカツニホンバシ

台湾書籍や台湾メイドの雑貨、茶葉、台湾料理レストラン、漢方コスメなどが揃う。ゆっくり過ごしたい場合、3時間は確保しておこう。

話題のおしゃれ漢方専門店DAYLILYも入る

無添加にこだわるナチュラルコスメ阿原

DATAは → P.20

中央線の台湾を見つける！

TOTAL 10時間

 オススメ時間 10:30〜
 予算 お買い物次第

☞ 午前中から夜まで遊ぶ！
先に誠品生活日本橋店に寄ってからスタート！媽祖廟では開運祈願をし、台湾食材も調達。台湾カフェでほっこり休憩しながら、店主との交流も楽しもう♪

ここもおすすめ！

甜點〜

伝統スイーツが揃うカフェ
台湾甜商店 新宿店
タイワンテンショウテン シンジュクテン

伝統スイーツをはじめ食事メニューも充実。台湾カステラ（→P.44）も店頭にて販売中！

DATAは→P.65

プチぼうけん 1

台湾欲を満たす1day中央線巡り♪

ここもおすすめ！

DATAは→P.49

焼きたての胡椒餅は肉汁ジュワ〜でアツアツ！皮の香ばしさとマッチ

胡椒餅×台湾茶でひと休み♪
四ツ谷一餅堂
ヨツヤイッピンドウ

本格的な釜焼き胡椒餅が食べられる店。国産大豆を使った鹹豆漿や台湾スイーツも人気。8時から営業しているので朝ごはんにもおすすめ！

昼は麺線専門、夜は食堂に！
台湾佐記麺線
＆台湾食堂888
タイワンサキメンセン
＆タイワンショクドウパーパーパー

昼は台湾のソウルフード、麺線専門店。カツオだしをベースに、豚モツや鶏肉、アサリが入ったトロトロ麺。テイクアウトも可能。夜は台湾家庭料理が味わえ、おばんざい食堂になる。

1. 佐記麺線 小碗300円、大碗600円。昼は台湾おにぎりとのセットも
2. 豚ロースの紅麹揚げ780円。夜は自家製台湾ソーセージ550円、ピータン豆腐500円など

Map P.116-C1 新宿
🏠 新宿区西新宿7-12-12
📞 03-3365-3050 ⏰ 11:30〜14:00、18:00〜21:00 休 日・祝 🚇 地下鉄西新宿駅E8出口から徒歩1分、JR新宿駅西口から徒歩8分

四ツ谷 YOTSUYA　新宿 SHINJUKU　大久保 OKUBO

CHUO LINE

13:15

1. 子供から大人まで楽しめるサクサク食感のビスケット
2. 温めてご飯にのせるだけで簡単に魯肉飯（そぼろご飯）に！

DATAは→P.83

都内最大級の中華スーパー
華僑服務社
カキョウフクムシャ

大久保にある台湾や中国の食材や書籍を扱う店。旅先のスーパーにいるような空気感で、見ていると思わず買いたくなる♪

14:00 📷

台湾でも時々見かけるビル内に建てられた廟

DATAは→P.32

恋愛運UPを神様に祈願！
東京媽祖廟
トウキョウマソビョウ

海の神様・媽祖様や、恋愛の神様・月下老人様など約20の神様を祀る廟。参拝方法はスタッフがていねいに教えてくれる。

台湾式の正しい参拝方法にチャレンジ！

縁起のよい赤い恋愛守りはいつも持ち歩こう

こんな立派な廟が都心にある！

ここもおすすめ！

台湾バーガー500円と
ルーロー飯600円

台湾の定番B級屋台飯
台湾バーガー 福包
タイワンバーガー フーバオ 🍴 中野

豚の角煮、高菜、ピーナッツの粉を中華蒸しパンで挟んだ台湾バーガーは、クセになるおいしさ。麺線とのセットも。

Map P.114-B2 中野

🏠 中野区中野5-50-5 ☎03-5942-9838 🕐11:00〜14:30、17:00〜20:00（L.O.19:30）休水 🚃JR中野駅北口から徒歩5分

16:30

台湾マジョリカ
タイル柄ピアス
／イヤリング各
3300円

台湾の文化イベントも開催♪
台湾茶カフェ茶嘉葉
タイワンチャカフェチャカバ

台湾出身の店主が厳選した台湾茶をいただける。台湾雑貨やマジョリカタイルの販売も。

Map P.114-B1 阿佐ヶ谷

🏠 杉並区成田東4-35-27 ☎03-5913-8496 🕐12:00〜19:00（L.O.18:00）休不定休（訪問前にSNS要確認）🚃地下鉄南阿佐ヶ谷駅1番出口から徒歩6分、JR阿佐ヶ谷駅南出口から徒歩13分
🔗chacaba.stores.jp

マジョリカ
タイルグッズ
たくさん♡

1. マスキングテープや手鏡も販売する
2. 台湾マジョリカタイル復刻版「黄金萬両」2970円

18:00

日替わりランチはお粥・デザート付きで1000円

ひとりで
全部手作り
してます

定番も創作料理もすべて美味！
呉さんの台湾料理
ウーサンノタイワンリョウリ

日本で腕をふるうこと30年、日本人の好みを知る呉さんが作る台湾料理は、毎日食べたくなる優しい味と評判。

Map P.114-B1 荻窪

🏠 杉並区天沼3-1-5 ☎03-3393-1068 🕐11:30〜14:30（L.O.14:00）、17:30〜22:30（L.O.22:00）休月・火 🚃JR荻窪駅北口から徒歩3分

東中野	中野	高円寺	阿佐ヶ谷
HIGASHINAKANO	NAKANO	KOENJI	ASAGAYA

ここもおすすめ！

ユルかわいい点心が人気♡
大二郎の小籠包
だいじろうのしょうろんぽう 🍴

店主がひとりで切り盛りする小籠包・点心専門店。オンラインショップも人気！

白玉粉で作る、もちもち点心。あんこ入り

DATAは → P.47

15:45

飲めば納得、素材のよさが光る
39茶
サンキューチャ

30年以上前からタピオカ店を経営するオーナーが選ぶ、上質なタピオカや台湾茶はリピート必至。台式弁当もあり。

台湾産の黒糖を使った
黒糖タピオカラテ580円

1. キンモクセイ緑茶580
2. ルーロー飯定食600円

Map P.114-B1 高円寺

🏠 杉並区高円寺北3-22-1 ☎03-6319-4237 🕐11:00〜23:00 休火〜木 🚃JR高円寺駅北口から徒歩3分

15:30

新食感
だけど
懐かしい！

話題の台湾カステラ専門店
新カステラ
シンカステラ

ブーム到来の台湾カステラ。食べ歩きにうれしいカットカステラや月替わりも登場する。

DATAは → P.44

日本人好みにアレンジしたクリーム入り！

ここもおすすめ！

ほろにがヘルシースイーツ♡
黒工号 新高円寺店
クロコウゴウ シンコウエンジテン

DATAは → P.65

美容効果も期待できる、仙草ゼリーのスイーツ店。

カロリーが低く、デトックス効果にも期待

18

好可愛 ♡

ここもおすすめ！
吉祥寺散策に寄りたいカフェ
KIKICHA TOKYO
キキチャトーキョー

パティシエと開発した豆花ベースの「ソイノハナ」420円〜のほか胡椒餅も人気！

DATAは → P.103

グルメな街を食べ歩こう♪
吉祥寺&西荻窪エリアガイド → P.102

プチぼうけん 1

台湾欲を満たす1day中央線巡り♪

GOAL 19:30

すべて一点物。自分好みを見つけて

防水の花布ポーチや漁師バッグのリメイクも！

花布雑貨が並ぶアトリエへ
Good Taiwan
グッド タイワン

DATAは → P.70

武蔵小金井にある台湾人クリエイター夏さんのアトリエ。台湾の伝統的な花布を使い、ていねいに作り上げられたバッグや雑貨が並ぶ。

わー！このバッグすてき♡

漁師バッグや電鍋の置物など、台湾雑貨も並ぶ

花布の柄やデザインが違うため宝探しのよう

荻窪	西荻窪	吉祥寺	三鷹	武蔵小金井
OGIKUBO	NISHIOGIKUBO	KICHIJOUJI	MITAKA	MUSASHIKOGANEI

CHUO LINE

ここもおすすめ！
台湾の極上茶葉が買える
喫茶去 一芯二葉
キッサコ イッシンニヨウ

独特な世界観を放つ小さなお茶の専門店。旬の時期につまれた茶葉を台湾の茶農家から直接仕入れている。茶器も揃う。

Map P.115-A2 西荻窪

🏠 杉並区西荻北3-31-13-103
☎ 03-6913-8582 🕐 12:00〜18:00 休 火 🚉 JR西荻窪駅北口から徒歩3分 ※喫茶営業は休業中

1. 色鮮やかなお花が描かれた茶器2800円 2. お試しサイズの烏龍茶と台湾緑茶。各650円 3. コロンとしたフォルムがかわいい茶壺4320円

台湾にある茶藝館を彷彿させる

ここもおすすめ！

左から鶏絲飯、魯肉飯。各680円

台湾のおふくろの味が詰まってる
台味弁当
タイウェイベントウ

台中出身のご夫婦が作るお弁当が人気。魯肉飯と鶏絲飯の2種類で、半熟の目玉焼きを混ぜて食べると美味。

台湾コーラ200円なども

目玉焼きをよく混ぜて食べてね♪

Map P.115-A1 三鷹

🏠 武蔵野市西久保3-9-15 ☎ 0422-52-0884 🕐 11:30〜14:00 休 月 🚉 JR三鷹駅北口から徒歩15分

19

プチ ぼうけん 2

最旬台湾カルチャーにどっぷり♡
誠品生活日本橋を楽しみつくす！

台湾カルチャーを牽引する存在といえば、誠品生活！
日本上陸の誠品は、最新カルチャーに触れられる
一大スポットとして君臨している！

1. 広い通路の書籍コーナー、世界の名作を揃える「文学の廊下」もあり、創業者の椅子のレプリカに座ることができる 2. 独創性ある書籍を日台のスタッフが選ぶ「誠品選書」 3.4. 誠品生活市集の一角

eslite bookstore

書籍はもちろん、雑貨や食品も見つかる！

有隣堂運営の「誠品生活日本橋」、誠品のオススメアイテムが揃う「文具ゾーン」や「セレクト物販・ワークショップゾーン」、人気店ばかりの「レストラン・食物販ゾーン」という4ゾーンで構成され、100近いブランドが揃う、ここは日本一のタイワニーズ・カルチャーワンダーランド！

誠品生活とは？

誠品書店敦南店（2020年5月31日閉店）は、台湾の書店で初めて24時間営業を行い、「文青（文学青年）の聖地」とされた。2004年『TIME』誌アジア版は「アジアで最も優れた書店」に選出。書店のあった東区は台湾カルチャーを牽引するエリアとなり、誠品はカルチャーブランドとして地位を確立し、ホテルも開業。日本では蔦屋書店のモデルになった書店とされる。

誠品生活日本橋をまるごと攻略！ TOTAL 30分〜

オススメ時間 午前中または夕方〜

💡 台湾メイドをハント

DAYLILYや阿原、郭元益など台湾の人気ショップを回り、その後、ランチまたはディナーを食べに富錦樹台菜香檳へ。食後は誠品選書や文学の廊下を通り、王徳傳のティーサロンを利用したあと、expoや誠品文具、誠品生活市集で台湾グッズをショッピング。

私がご案内します！
磯野 真一郎さん

本好きの有隣堂に入社、いまや文具や雑貨にも精通するマルチ店長！

日本No.1の台湾文化発信地

誠品生活日本橋
セイヒンセイカツニニホンバシ

名店＆最新ショッピングのほかに、書籍や台湾茶、料理まで楽しめる、日本一の台湾体感施設。

Map P.117-C3 日本橋
📍中央区日本橋室町3-2-1 COREDO室町テラス2F ☎03-6225-2871 🕐10:00〜21:00（富錦樹台菜香檳11:00〜23:00）❌館に準じる 🚇JR新日本橋駅2番出口、地下鉄三越前駅A8出口から徒歩1分

Littdlework
刺繍ブロー
チ848円〜

プチぼうけん ②

誠品生活日本橋を楽しみつくす！

これ見て回って！

北 4

フロアマップ

工場十貨店
期間限定ストア
L&Co.
meta mate
注染手ぬぐい にじゆら
日本橋 玻璃工房

G — 阿原 DAYLILY / P.Seven 茶香水 / 郭元益
F — DAYLILY →P.61,84
E — 誠品文具
D — COOKING STUDIO / 誠品生活市集
A — HAPPY LEMON

王德傳 →P.73
B — expo
H — 旅行、児童
G — 生活風格
F — 商品
文学の廊下
E — 人文社会
D — 新刊
C — 雑誌
B — 誠品選書、企画展
A — 芸術 / eslite Forum
富錦樹 台菜香檳

日本橋 玻璃工房
都心商業施設内で唯一本格的な窯をもつ工房。切子や吹きガラス体験可能

まずはここから
誠品セレクトの台湾アイテムをチェック！

デザイン力のある台湾ブランドを発掘できます

B expo エキスポ

豊かな文化を感じるクリエイティブプラットフォーム

台湾クリエイティブのエネルギーあふれるデザイングッズや、職人手作りのアイテムを集める。潜在力をもつクリエイティブブランドとコラボ商品も。

長い通路を利用したディスプレイ。定番の漁師バッグ1037円〜から、サステナブルなブランドのアイテムまで扱う

折りたたむとコンパクト

1. HEY SUN ショッピングバッグ 各3234円
2. Elf Beanie 5610円
3. BRUT CAKE オーブングローブ 5148円

A 誠品生活市集
セイヒンセイカツシジュウ

台湾人スタッフもおり、台湾で今人気のお菓子や麺など最新情報もお任せ！

買い占めたくなる！台湾アイテム大集合

台湾産調味料やお菓子、インスタント麺に台湾ジュースやクラフトビールなどが一堂に揃うマーケット。台湾のはやりのものもいち早く取り入れる。大同電鍋もここで販売。

豊富なアイテムが並び、チョイスに困ったら気軽にスタッフに相談できる。きはだ色の大同電鍋1万9800円はココの開業1周年オリジナルアイテム。台北で誕生したTZULAiのおしゃれな陶器も人気♪

1. 老媽拌麺 1620円
2. 満漢大餐珍味牛肉麺 451円
3. 甜辣醤 356円
4. 豆油伯無添加醸造醤油 1550円
5. 山胡椒の台湾馬告 745円
6. ガチョウ油の頂級鵞油 1512円
7. ドライ青マンゴーの情人果乾 1296円
8. スナック菓子の孔雀香酥脆 270円
9. 台湾原住民クッキー各 645円

C 誠品文具
セイヒンブング

美しい色味が特徴的な台湾インク沼にハマる人が続出中です

理想的な書斎を作る台湾文具に出会える場所

「読書」をキーワードに、独創的でクリエイティブな商品を集めたエリア。IPAPERなど台湾メーカーとのコラボも行い、台湾のセンスのよさを実感できる文具店♪

ボトルもおしゃれ

1. OMOSHIROIBLOCK インテリアになるメモ帳。使用すると九份の景色を再現 6380円　2. 店内　3. 台中IPEPERのインク。誠品コラボ商品は惑星イメージの美しい色味、各3828円

21

D 富錦樹台菜香檳
フージンツリー

シャンパンと一緒に楽しめる創作台湾料理が食べられます

グローバルな視点の台湾料理!

RESTAURANT

1. メニューはどれも油を控え、ヘルシーな仕上がり
2. 宜蘭産櫻桃鴨の塩漬け卵使用のクッキー1620円はおみやげに
3. 開放的なテラス席もあり

メニュー → P.53

2014年、台北の松山国際空港近くの民生エリア・富錦街にオープンしたレストラン。オーナーのジェイ・ウー氏はアメリカ・カナダ・日本での在住経験があり、国際的な感覚を生かして台湾での新しいライフスタイルを確立するため、富錦街グループを設立。ハイセンスなレストランは、瞬く間に台湾に暮らす欧米人やグルメ層などの支持を集め、その後生まれた台北モダンレストラン隆盛の先駆けとなった。

さらに深掘り!
センスが光る専門店の魅力を堪能

E 郭元益
グォユェンイー

定番パイナップルケーキはもちろん、新作も続々登場しています

長生きの縁起菓子!

TRADITIONAL SWEETS

台湾パイナップルケーキの老舗

1. 日本では2021年から発売開始、音符の形のパイナップルケーキ、小樂曲
2. 長生糕と呼ばれ長生きを意味するピーナッツらくがん
3. モダンな店内

アイテム → P.79

台湾で150年以上の歴史を誇る台湾菓子の老舗ブランド。お祝いごとの縁起菓子と、伝統製法を守り台湾のフェスティバルで金賞を受賞したパイナップルケーキで知られる。台北にはお菓子の博物館までもっており、台湾菓子の歴史を広め、パイナップルケーキ作りの教室も開いている。近年はデザイナーとコラボしたモダンなお菓子も人気。

F P.Seven 茶香水
ピーセブン チャコウスイ

日本初進出で日本限定のシリーズも発売。ぜひお試しください

世界初！台湾茶の香水ブランド

香りで台湾を思い出す

誠品生活日本橋を楽しみつくす！

プチぼうけん 2

1. 日本限定の金萱茶香水22ml14080円。ミルクのような甘い香りに包まれる　2. 店内　3. BALABABA アロマオイル10ml9460円

PERFUME

"台湾をまるごと瓶に閉じ込める"というメッセージを掲げる、台湾茶香水発祥のブランド。台湾茶道にも通じ、香水の本場・フランスへ留学経験のある調香師を中心としたチームが、台湾の文化、土地柄を香りで表現したいと茶香水を開発。現在では台湾の外交ギフトに選ばれ、カンヌ映画祭やNYファッションウイークのゲストギフトにも用いられている。

G 阿原
ユアン

日本人の方もリピーター多数、オーガニックの優秀ブランド

台湾屈指のスキンケアブランド

シリーズで揃えたい

ORGANIC BEAUTY

1. 人気のボディクリームや石鹸など　2. 陽明山国立公園でくみ上げた湧き水、公園内の自然農場で育てた無農薬ハーブ使用　3. ハーブをえり抜き、手作業で切断　4. 店内

敏感肌の創業者が"自分の体を大事にする気持ちを他人への思いやりに変える"という初心を保ち、湧き水使用などこだわりの製法で作るオーガニックブランド。無農薬のハーブや植物などの天然素材を原料とし、成分や香りを壊さぬよう熱を加えず低温で作るコールドプロセス製法によって、自然の力で肌本来の機能を取り戻せる商品を作っている。

アイテム
→P.86

23

ディープに台湾を感じたいならここ！
台湾LOVERの「推しスポット」を制覇♪

日本国内で精力的に台湾活動をしている台湾好きのみなさんに、東京近郊で気軽に満喫できちゃうとっておきのお店＆アイテムを教えてもらいました！

希少な台湾コーヒーはここで
MEILI メイリー

阿里山や台南東山産のコーヒー660円〜を、シングルオリジンで楽しめる。自家製の「ガトーショコラ」550円もおすすめ。

Map P.114-B1 新高井戸

🏠 世田谷区赤堤4-45-17 ☎03-6304-3106 ⏰11:00〜20:00(LO19:30) 休不定休 🚉京王線下高井戸駅西口から徒歩2分

recommend
あまりなじみのなかった台湾産のコーヒー豆の香り高さに驚き！茶杯で飲むスタイルも新しい。ゆったりと台湾の風を感じられる店内。

1. かき氷950円。エスプーマや果実のスライスなどが層をなし芸術的 2. あたたかみのある雰囲気

一度食べたらトリコになる♡
帆帆魯肉飯
ファンファンルーロウファン

トロトロに煮込まれた魯肉は、店主が本場の魯肉飯専門店に何度も足を運び、開発したもの。週替わりのスープや付け合わせも絶品。

DATAは→P.56

ランチで行きたい

お店5選

台湾 LOVER
この人に聞きました！
田中伶さん

ディープな台湾の魅力を発信するウェブメディアHowto Taiwan編集長。著書に『FAMILY TAIWAN TRIP #子連れ台湾』(地球の歩き方)。
URL howto-taiwan.com

美しい茶藝の所作も必見！
台湾席茶 蓮月庭
タイワンセキチャ レンゲツテイ

駅近とは思えない穏やかな雰囲気。台北の有名茶藝館で長年勤めた台湾人店主こだわりの希少な無農薬栽培の高山茶は上質な味わい。

DATAは→P.107

recommend
こだわりの茶器で入れてくれる席茶セットがおすすめ。独自に仕入れる無農薬の台湾茶葉も味わい深い。ビーガンスイーツもぜひ！

蒸したての
フカフカ肉まん

レンズ豆入り
カレー肉まん
200円

台湾小吃と
クラフトビールの店
also オルソー

2021年2月にオープン。FUJI COMMUNICATION(→P.110)の姉妹店。薄皮のワンタンのほか鶏肉飯700円、豚足の煮込み800円もいち押し！

Map P.116-B2 白山

🏠 文京区白山5-32-13 ☎03-5615-9969 ⏰11:30〜14:30、17:00〜20:00 休月・火 🚉地下鉄白山駅A3出口から徒歩1分

recommend
子連れでも気兼ねない広い店内。おしゃれな店内なのに、おむつ交換台があって感動(泣)。どれもおいしいが、お気に入りは鶏肉飯！

ランチから夜ご飯まで

recommend
鹿港の名店で修業した本物の味が最高！ほんのり甘い皮がおいしく、何個でも食べられる。冷凍で約1ヶ月保存可能。まとめ買い必須

Map P.114-B1 上町

🏠 世田谷区世田谷3-1-12 ☎03-5799-3031 ⏰9:00〜(売り切れ次第終了) 休木、第2・4水、夏期不定休 🚉東急世田谷線上町駅三軒茶屋方面出口から徒歩2分

行列ができる
絶品肉まん
鹿港
ルーガン

台湾鹿港にある名店「振味珍」の肉まんに衝撃を受けたオーナーが修業を積み門外不出の味を再現。肉まん180円は、国産粗挽き豚肉と台湾油ネギを使用する。

24

台湾好き代表が推薦する グルメをはしご

本格的な台湾味を楽しむならハズレなしの名店で。味はもちろん、台湾ぽい空気感も味わえちゃうのでプチ旅行気分に♪ 各人いち押しメニューもチェックしよう！

選びぬかれた一軍たち
オススメ時間 10:00〜 予算 お店次第 TOTAL 6時間

プチぼうけん3 台湾LOVERの「推しスポット」を制覇♪

朝から夜まで食べ尽くす！
「鹿港」からスタートし、お茶時間に「台湾席茶 蓮月庭」や「MEILI」を挟めば、午前中から夜まで台湾味を満喫できる。自分好みにアレンジして楽しんで♪

recommend
定食や麺類など、多様な素食料理が揃っていて、体に優しい食事ができる。精進カツは手間が2日間かかるので大量には作れないそう。

精進カツ定食1320円。温野菜精進カツと切り干し卵焼き野菜定食

台湾素食を広めたいのも♥

台湾素食ってナニ？
肉や魚、五葷を使わない精進料理。香林坊の精進カツは、シイタケの茎とクワイで歯ごたえを出しトンカツに見立てる。

中野ブロードウェイの隠れ家
香林坊 コウリンボウ

東京に数軒しかない台湾素食料理店のひとつ。40年以上素食を食べ続けたおかげで、70歳過ぎてもお肌ツヤツヤの麗安ママが営む。

Map P.114-B2 中野
🏠中野区中野5-52-15 2F
📞03-3385-7005 ⏰11:30〜15:00、17:30〜20:00
休日 🚃JR中野駅北口から徒歩7分

豚肉ワンタン4個550円。キノコも美味

recommend
お肉がぎっしり詰まった大きなワンタンと、タップから注ぐクラフトビールが味わえる。台湾の古民家をイメージした建物にも注目！

also → P.24

もりだくさん！

台湾モノを中心にクラフトビールが充実
AKUBI アクビ

2021年2月オープン。アジアのクラフトビールと相性抜群の台湾火鍋を味わえる。「牡蠣とキクラゲの生海苔オムレツ」600円ほか多彩な料理は、フレンチ出身シェフの技が光る。

左：薬膳エキスたっぷりの一人用鍋は麻辣か白湯を選んで 下：屋台をイメージしたカウンター席

recommend
優しい口当たりながら、しっかりとスパイスが効いた火鍋のスープは、ドリンクの味とも引き立て合うよう考えられている。小菜も絶品！

DATAは → P.58

夜ごはんで行きたい お店5選

この人に聞きました！
台湾lover 美麗（メイリー）！台湾さん

台湾の新たな魅力を広めるプロジェクトを主催。イベントやコミュニティなど台湾好きな皆様に向けたコンテンツを発信している。
URL www.meilytaiwan.com

看板は台湾発祥のトロトロ麺
麺線屋formosa メンセンヤフォルモサ

看板メニューは、ホルモンがたっぷり入ったカツオだしの麺線600円（レギュラー）。台湾のウイスキーや紹興酒など多彩なラインアップ。

Map P.114-C1 二子新地
🏠神奈川県川崎市高津区二子2-15-7
📞050-5847-7248 ⏰11:30〜14:30（L.O.14:00）、17:30〜22:00（L.O.21:30）休火 🚃東急田園都市線二子新地駅東口から徒歩5分

揚げ物三点もさっぱり台湾。新香888円〜

recommend
神奈川ですがここは紹介させてください！さまざまな本格台湾料理のほかドリンクも豊富なので、お酒を飲む人も飲まない人も大満足！

厳選した台湾茶とお酒の融合！
春水堂 渋谷マークシティ店 チュンスイタンシブヤマークシティテン

台湾茶とビールやラムなどを掛け合わせたドリンクのほか、「大根餅」「カリカリ黄金チキン」各500円ほか小皿料理も多彩。

Map P.115-B1 渋谷
🏠渋谷区道玄坂1-12-3 渋谷マークシティ4F 📞03-6416-3050 ⏰11:00〜23:00 休施設に合わせる 🚃JR・地下鉄渋谷駅A5出口から徒歩3分

鉄観音ティービール600円やジャスミンモヒート550円ほか

recommend
春水堂で唯一お酒を楽しめる店舗。台湾茶とお酒の組み合わせが楽しい。台湾小皿料理も充実していて、ひとり飲みにもぴったり。

25

おうちで楽しめる推し
アイテムをおそろ買い♡

思わず声を出しちゃう、かわい過ぎる台湾おやつや、台湾の街角でよく見るあの配電盤!?、とっておきの麺や茶葉、パインケーキをおうちで楽しもう。

おうちで楽しむ パン&おやつ3選

阿美パン
アメイパン

東京唯一の台湾パン専門店

珍しいパン揃ってます！

台湾人パティシエが日本のパンに感銘を受け、台湾ドンク勤務後、来日して専門学校に通い、「ロウリーズ・ザ・プライム赤坂」など一流店での修業を経て開店。

台湾タロ芋パン260円

recommend
タロ芋パンは甘さ控えめのタロ芋あんがおいしく、パンとしてのクオリティも高いので、食べると本当に幸せな気持ちになります

Map P.114-C2 荏原町

📍品川区中延5-9-10 ☎03-6426-4159 🕐10:00～18:00(売り切れ次第終了) 休月・火 🚉東急大井町線荏原町駅正面口から徒歩2分

自家製肉鬆入りネギローソンサンド360円

店主の人柄もよくご近所さんにも大人気

この人に聞きました！

おきらく台湾研究所さん

ブログやSNSを通じて、台湾情報を発信したり、掘り下げてみたり。メンバーは所長・研究員A・同Bの3名。

🔗 okiraku-tw.seesaa.net

台湾席茶 蓮月庭
タイワンセキチャ レンゲツテイ

開発に1年かけて完成した逸品！

DATAは ➡ P.107

生地に無農薬栽培の台湾高山茶、日月潭紅茶、プーアル茶を練り込んだ、風味豊かなパイナップルケーキ。果実感が残るジャムが隅々まで！

recommend
酸味の効いたあんに、お茶が豊かに香るクッキー生地。かわいい上においしい。日本で作っているパイナップルケーキの最高峰！

舊振南・杏仁香るほろつぶわっクッキー 560元 (約2200円)

你好我好
ニーハオウォハオ

杏仁とクルミ香る新食感ケーキ

青木由香さん厳選アイテムが揃う店。舊振南餅店(→P.79)の核桃杏香酥は、ひと口食べると、口内に杏仁の香りが広がる。

DATAは ➡ P.94

最近買ってよかった アイテム3選

ミニチュア立て看板620円

recommend
温記の大紅袍香麻辣油 これなしの生活は考えられないなんてもちもち足しで激ウマ!!なった青木由香さんに心から感謝です

ここで買える！
你好我好 ➡ P.94

香り良い花椒がたっぷり入ったラー油300元 (約1200円)

高さ12cmクラフト紙製

recommend
変電箱が好きで好きでたまらないので、見てすぐにホナリました！かわい過ぎる Pinkoiさんはたまに巡回してウハウハしています。

Pinkoi ピンコイ

台湾ツウならひと目でわかる♡

台湾デザイナーのアイテムが揃う通販サイト。台湾の街なかでよく見かける変電箱(變電箱)を模した、artwoodのミニチュア貯金箱620円がおすすめ。

🔗 jp.pinkoi.com/product/xszzhSk4

誠品生活日本橋
セイヒンセイカツニホンバシ

台湾メイドの本や雑貨が並ぶ

台湾を代表する書店。台湾関連の書籍や雑貨、食品を購入できる。米酒は、香りがよく肉料理や台湾料理には欠かせない。

recommend
台湾で料理を作るときに抽出のこれ。香りかよくて特に肉料理や煮込み料理に重宝しています

この人に聞きました！

十川雅子さん

「台湾行ったらこれ食べよう！」「台湾のおいしいおみやげ」(とも に誠文堂新光社刊)などを手がける編集者。
@masaduo

ここで買える！
誠品生活日本橋 ➡ P.20
華僑服務社 ➡ P.83

台湾LOVERの「推しスポット」を制覇♪

プチぼうけん3

台湾ファンに人気のKiKi麺はここで!

ダスカ コレクション

台北にある四川料理店が手がけるKiKi食品雑貨。看板商品の天日干し乾燥麺は、日本でも購入できる。コバシイケ子さんのおすすめはピリ辛がクセになる「花椒チリー」。

recommend
味がとにかく大好きで、台湾みやげの定番だった「KiKi麺」。送料無料で気軽に買うことができるので何度もリピートしています。

DATAは → P.99

オリジナル。バランスがよい生地とあん

烏龍茶。生地とあんに香り高い茶葉がイン

クランベリー。ラム酒漬けの実がアクセント

杏仁。生地に杏仁が練り込まれた人気商品

おうちで楽しむ お取り寄せ5選

recommend
台北の老舗お茶屋さんの手作りパイナップルケーキ。オリジナルや烏龍茶など4つの味があり、どれも甲乙つけがたいおいしさ。

台北からパイナップルケーキをお取り寄せ♪

一番屋 イチバンヤ

台北中心部にある茶葉専門店。4種類mixパイナップルケーキ400個(約1500円)ほかヌガークラッカー150元(約600円)もおすすめ。
URL ichibanya.waca.tw

台湾LOVER
tawanikeko
コバシイケ子さん
この人に聞きました!
台湾ブログと旅と暮らしのメディアを運営するブロガー&ライター。著書に「台北ぐるぐるバスの旅 食べまくり!」(小学館)
URL taiwanikeko.officialblog.jp

---

recommend
台湾からは持ち帰れなかった肉鬆。東京で手作りされていることを知り取り寄せ。おかゆやパンにのせて台湾風朝食を楽しんでいます。

台湾の国民的フード♡

東京豆漿生活オンラインストア

トウキョウトウジャンセイカツオンラインストア

国産豚肉で手作りされた肉鬆(肉でんぷ)は、無添加で安心。白飯やトースト、焼きそば、ピザなどにのせて楽しもう。

DATAは → P.80

パイナップルケーキ専門店の月餅

サニーヒルズ オンラインストア

パイナップルケーキや台湾茶葉を販売する。毎年9月頃になると、月餅「サニーヒルズ パイナップルムーンケーキ」が数量限定で登場!
URL shop.sunnyhills.co.jp

青山本店(→P.79)でも期間・数量で販売する

recommend
中秋節の季節に購入。日本のオンラインショップでは、台湾同様、パイナップルケーキはもちろん、季節の商品も登場するのがうれしい!

台北から届けられる絶品茶

琅茶wolf Tea

ランチャーウルフティー

シングルオリジンにこだわる台湾茶専門店。日本語サイトで注文すれば1週間程度で自宅に届く。自分用はもちろん大切な人へのギフトにもおすすめ。

蜜香紅茶+ピンク缶セット3200円

recommend
おいしさとおしゃれさを併せもつお気に入りのブランド。種類も豊富で、季節のお茶なども発売されるので注目しています。

DATAは → P.76

27

プチ ぼうけん

台湾生まれの万能家電「電鍋」を使って台湾料理クッキング！

台湾では一家に1台といわれる、定番レトロ家電の大同電鍋。電鍋料理の第一人者・口尾先生にレシピを教われば、あら簡単！1台5役の万能家電を使って、お手軽台湾料理を作ってみましょ♪

電鍋機能をフル活用！

TOTAL 3時間

オススメ時間 9:00〜　予算 6000円

台湾の定番に電鍋でチャレンジ
まずは「茶葉蛋」を作り、味をしっかりしみ込ませてから「魯肉飯」作りに突入。最後に熱々スープ「刈菜雞湯」を作ってランチにしましょ♡

煮る、炊く、蒸す、温める、保温を1台で！
カンタン電鍋レシピ3

「茶葉蛋」は電鍋で煮たあと、保温で味をしみ込ませて。「魯肉飯」はご飯を炊いて、魯肉を煮る。「刈菜雞湯」は鍋で炒めた鶏肉を電鍋に投入、具材と煮ればでき上がり。

今日の先生
口尾麻美先生
料理研究家／フォトグラファー。著書に『はじめまして 電鍋レシピ』があり、旅をテーマにした料理を書籍や雑誌、イベントに加え主宰する料理教室を通じて発信。道具好きで電鍋は数台を駆使する。
使い勝手がいいんです

電鍋とは？

大同電鍋、通称・電鍋は、スイッチオンで料理ができちゃう台湾定番の電気鍋。外鍋と内鍋の二重構造で、外鍋に水を入れると内鍋の食材を蒸気で加熱する「二重間接炊き」方式で、水がなくなると自動的にスイッチオフ。保温に切り替わる便利家電。

日本限定カラー

計量カップ
内鍋
スチームプレート
本体

ここで買う！
大同電鍋　楽天市場店
ダイドウデンナベ ラクテンイチバテン
メーカーの大同がECショップを開設中。

オン＆オフのスイッチがある日本仕様と、レバーを下げる形の台湾仕様がある

DATAは → P.99

28

台湾のソウルフード 魯肉飯 ルーロウファン

カンタンレシピ

所要60分

懐かしい台湾版おふくろの味。日本でも定着したメニューは、甘辛味で日本人の口にも合いやすくご飯が進む。油葱酥、紹興酒、五香粉が手に入れば、味もより本格的に♪

材料/2～3人分

① ローリエ……2枚
② 白コショウ……適量
③ 五香粉……小さじ1/2
④ 氷砂糖……大さじ1
⑤ 油葱酥……1/2カップ
⑥ 酒……大さじ2
⑦ 醤油……大さじ3～4
⑧ 卵……4個
⑨ 厚揚げ……1個
⑩ バラ肉かたまり……300～350g

五香粉はスーパーのスパイスコーナーに。台湾揚げネギ油葱酥はフライドオニオンでもOK

自宅で本格魯肉を作りたい！

煮る

「電鍋」を使って台湾料理クッキング！

台湾の味を再現しよう！

プチぼうけん

作り方

1 豚肉を切る

Cooking Start!!

豚バラ肉を食べやすい大きさに切る。バラ肉ならば、甘味のある脂が特徴、また豚ひき肉を使用してもOK！

2 フライパンで豚肉を炒める

フライパンで、1でカットした豚バラ肉を炒め、肉の色が変わってきたら火を止める

3 材料を電鍋に入れる

氷砂糖でまろやかな味

電鍋の内鍋に2で炒めた豚バラ肉と、⑤⑧⑨以外の材料＆水200mlを入れる

4 油葱酥を電鍋に入れる

3に引き続き、味の決め手となる⑤油葱酥（揚げネギ）を大量に投入！

5 ゆで卵と厚揚げを電鍋に入れる

ワンポイントアドバイス
調味料はいろいろ入るが、肉以外の具材をあとのせするときれいに仕上がる！

あらかじめゆでて殻をむいた⑧ゆで卵と⑨厚揚げをのせ、電鍋調理の準備が完了

6 水を外鍋に入れスイッチオン！

スイッチも下げるだけ！

外鍋に水1と1/2カップを入れ、電鍋の蓋をしたら、鍋のスイッチをオン！

7 おいしい魯肉の出来上がり

ずっと見ていなくてもあとは電鍋にお任せ。透き通ったスープで優しい味の魯肉が出来上がり

白飯は米と同量の水を入れ、2～4合までは外鍋に水1カップ入れて炊く

カンタンレシピ2

台湾茶葉で作る 茶葉蛋（チャーイエダン）

所要60分

台湾のコンビニでも特徴的な香りを醸す、茶葉蛋。台湾旅行で虜になった人も多いはず。そんな茶葉蛋も電鍋があれば、簡単に作れちゃう。ひび割れラインが、"あぁ、懐かしい！"

台湾コンビニのあの味を再現！

干す + 煮る

材料 / 2〜3人分

① 砂糖 …… 大さじ2
② 塩 …… 小さじ1/2
③ 茶葉 …… 大さじ2（台湾産紅茶や烏龍茶など）
④ 五香粉 …… 少々
⑤ 醤油 …… 100ml
⑥ 干ししいたけ …… 3〜4個
⑦ 卵 …… 7〜8個

作り方

1 ゆで卵を作る
電鍋の外鍋に水を1/2カップ入れ、蒸す形でゆで卵を作る。固ゆでがオススメ。写真の卵台は先生私物の別メーカー製

水1/2カップを入れスチームプレートを置き、卵を皿に載せ10分蒸せばゆで卵が完成

2 ゆで卵にひびを入れる
卵の殻をスプーンの腹で軽くたたき、ひび割れを作る。強過ぎぬように！

3 ティーバッグに茶葉を入れる
用意しておいた台湾産紅茶や烏龍茶の茶葉を、全量ティーバッグ（市販のものでOK）に詰める

この香りはまさに台湾！

4 材料のすべてを内鍋に入れる
内鍋にひび割れ卵と③+⑥干ししいたけに加え、調味料と水600mlを入れる。五香粉は最後に入れて

ワンポイントアドバイス
もし八角が手に入るようなら、これに八角を入れるとより台湾風の香りになる！

5 外鍋に水を入れる
外鍋に水2カップを注ぎ、内鍋をセット。蓋をしてスイッチオン。オフになればできあがり

6 水を外鍋に入れスイッチオン！
スイッチオフ後、しばらく保温にするとより味がしみる。汁ごと冷蔵庫で冷蔵も可

これは日本製スイッチ！

カンタンレシピ 3

年中楽しめるほっこりスープ
刈菜雞湯
イーツァイジータン

所要25分

魯肉飯などにも相性抜群の鶏肉と高菜のスープ。骨付き鶏肉も、電鍋ならばほろほろと柔らかくほどけるように煮える。高菜漬けで味付けできるので、調味料も少量で美味！

プチぼうけん
「電鍋」を使って台湾料理クッキング！

コトコト煮て、トロトロの鶏肉に♡

煮る

材料/2〜3人分

① 高菜漬け　　150g
② ショウガ（細切り）　1かけ
③ 塩　　　　　適量
④ 鶏肉　　　　300〜400g
⑤ タケノコ　　100g
　　水煮市販のもの
　　手羽元など

作り方

簡単スープよ

1 Cooking Start!!

高菜漬けを切る
高菜漬けを、ひと口大など食べやすい長さに切り揃えておく。ショウガも細切りに切っておく

鶏肉を軽く炒める
鶏肉のくさみを取るため、鍋にごま油を敷き、鶏肉を炒める。表面のみでOK

2

3 高菜漬けも一緒に炒める
軽く炒めた鶏肉に、さらに高菜漬けも投入して一緒に炒める

4 鶏肉と高菜漬けを内鍋に入れる
炒めた鶏肉と高菜漬けを電鍋の内鍋に入れる。ほかにニンジンやコーンなども具材に加えてもOK！

ワンポイントアドバイス
時間がない場合は、鶏肉と高菜漬けは炒めず直接内鍋に入れてもOK

6 水を入れてスイッチオン！
内鍋に水1L、外鍋に水1カップ入れスイッチオン。オフ後に塩で味を調える

5 残りの食材タケノコなどを投入
水煮タケノコを薄くカット。ショウガの細切りなどとともに材料を4の内鍋に入れる

大同電鍋さんのおすすめレシピ
地瓜圓 （サツマイモ団子）

タピオカ粉を使っており、台湾でいうQQ感（モチモチ感）が楽しめる素朴なスイーツ。

材料
- サツマイモ　　150g位
- タピオカ粉　　50g位
- 砂糖　　　　　20g（サツマイモの糖度によって調整可能）
- 水　　　　　　適量
- 片栗粉　　　　適量

作り方
1 サツマイモの皮をむき2cmの角切りに。水に約10分さらしてアク抜きする。水が濁ったら水を取り替える　**2** 電鍋の外鍋に1カップの水を入れて、内鍋にサツマイモを入れスイッチオン　**3** スイッチが上がったら、熱いうちにフォークなどでサツマイモを潰し、砂糖、タピオカ粉を加え、混ぜ合わせる　**4** 少しずつ水を加えてまとまる状態にする　**5** 1cm幅の筒状に伸ばし、1cm幅くらいに切る　**6** 切った地瓜圓をボウルやバットに入れ、片栗粉をまぶす　**7** 沸騰したお湯でゆで上がったら茶こし等ですくい氷水に浸す　**8** 好きなシロップや紅豆湯などに入れて、召し上がれ♪

公式インスタ&YouTubeチャンネルも必見！
Instagram @dennabe_official　YouTube「大同電鍋公式チャンネル」

31

プチぼうけん 5

東京にもいらっしゃった♡
縁結びの神様・月下老人さまにおまいり

縁結びの神様・月下老人が祀られている台北の霞海城隍廟。東京の廟でそこから分霊されたという月下老人さまを発見！今回はお参り方法など、じっくりと伺ってきちゃいました♡

突如、大久保に登場

正しい参拝方法でごあいさつ！
TOTAL 1時間

 オススメ時間 11:00〜　 予算 2000円

 たくさんの神様に参拝できる
月下老人さまだけでなく、在住台湾人からあつい信仰を集める媽祖様や、関帝様など多くの神様がこの廟に祀られているので、一度にお参りしてみたい。

約20の神様が待つ都内イチの台湾パワスポへ

台湾の北港朝天宮や南方澳南天宮、中国から分霊した3体の媽祖様をはじめ、月下老人様や商売の神様・関帝様や財運を授ける武財神様、福徳正神様など20近くの神様が祀られている。

在住台湾人の心のよりどころ
東京媽祖廟 トウキョウマソビョウ

台湾で1500万人以上の信徒がいるといわれる媽祖様は、日本在住の台湾人の間でも信仰があつくこの廟へ多くの人が訪れている。

Map **P.116-C1** 大久保

🏠 新宿区百人町1-24-12　☎03-5348-5220　⏰9:00〜18:00　🚫無休　🚉JR大久保駅南口から徒歩1分

代表者にお話を伺いました！
連昭恵さん
東京媽祖廟代表。一橋大学大学院に留学。就職後、東京媽祖廟設立に尽力。

Q 東京に媽祖廟を建てることになった経緯は？
日本企業に勤めているときに、ご縁で現在の媽祖廟の董事長にお目にかかり、媽祖廟設立に関わることに。場所選定や建物の改築にも携わりました。

Q 媽祖様のご利益と不思議体験
留学後、帰国し育児中に媽祖様が夢に現れ、海を越え日本で事業を始めたら私の力添えで成功する。富を蓄えたら道場を建てよと言われました。

建物の彫刻もすごい！

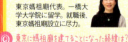

媽祖殿 3F
ピンク顔の媽祖様は中国の湄州祖廟と泉州天后宮の分霊（雙聖合一）。黒い顔は台湾の媽祖廟の総廟・北港朝天宮から、金色顔は台湾最初の純金媽祖様の分霊。

關聖帝君殿 2F
關聖帝君は俗名・關羽。中国の高名な武将で、算盤を開発したといわれ商売の神様とされる。ここに月下老人様や厄除けの太歳星君様も鎮座。

各階にいらっしゃる神様にごあいさつ

観音殿 4F
大久保周辺のタイ人からあつい信仰を集める観世音菩薩様や延命の准胝菩薩様、慈悲の孔雀明王菩薩様を祀る。

⑦ 虎爺將軍　⑥ 観音殿　**4F**
媽祖殿　⑤ 五靈將軍　**3F**
③ 太歲星君　④ 關帝殿　月下老人　**2F**
天公爐　**1F**

建物向かいにさらにもうひとつ、現地で開発を待って安置予定の神様のための廟が準備されている。

縁結びの神様・月下老人さまにLet's参拝!

お願いはなんじゃ

プチぼうけん⑤

縁結びの神様・月下老人さまにおまいり

月下老人とは
左手に婚姻簿、右手に杖を持ち赤い糸を司る、恋の神様。台湾では月老様と呼ばれ、誕生日（旧暦8月15日）は円満節として、恋愛、結婚を望む人が多く祈願参りに訪れる。台湾各地に月下老人を祀る廟はあるが、台北の霞海城隍廟が特に有名！

START!

お参りの品いろいろ

1階で縁結び用のお参りグッズ（2000円）を授けていただき、名前等を記入。天香炉で住所・名前を告げ、お線香に着火！

3階に移動した後、祭壇に向かってひざをつき、お線香を高く掲げながら住所・名前を告げ、婚姻を祈りながら頭を垂れる

心を込めてお祈り

祭壇正面向かって一番左に鎮座している月下老人様にお参り。手に持っていたお線香3本を上げる

お願いします月老さま

OKよ 出て〜

OK 表裏
NO 裏裏
NO 表表

笠杯に託します

1. 聖杯投げの儀式。婚姻を月下老人様に尋ねつつ笠杯をお線香の上でかざす 2. さげてお祈り 3. 笠杯を投げOKならきいていただける

ココでささげ物

金紙以外の授与品を、ここで供物としてささげる。ていねいにお皿にのせ、祈りを込めながら

GOAL!

外でお金代わりの金紙を燃やす。その後、紅線と鉛銭を授与

CHECK 月下老人さまの参拝まとめ

いち早く月下老人様（月老）に良縁祈願したくても、月老だけでなく境内の神様全員に参拝を。月老参拝後、笠杯を3回投げてイエス（表と裏）が出なかったら時機を改めて再訪しよう。

一　いい人に出会いたい
「私とご縁のある人とめぐり会えますように」と祈願

二　願いが神様に届くかな？
神殿にある赤い半月型の笠杯を手に取り、下に落とす

三　表と裏が出たら、○の願いが聞き届けられた証拠
3回落としても出なければ祈願時機ではないので次回再トライを

四　紅線と鉛銭は係の方から授与大切に持ち帰る

足を延ばして もっと目指せ★開運

ご本尊&ご利益
道教最高位の三神を祀る。元始天尊は病気平癒や商売繁盛、道徳天尊は夫婦円満や良縁成就、霊宝天尊は魂魄調和、精神安寧のご利益あり

台湾式のおみくじを

1. 神杯を使いOKが出たらおみくじを引く台湾式。神杯の結果の見方はP.33を参照　2. 休憩室では台湾産ジュースや台湾茶葉、お菓子も販売

豪華絢爛さすごーい！

天宮への門となる天門は極彩色の装飾が見事。奥の前殿で台湾おみくじができる。さらに奥に中庭、参拝をする本殿がある

埼玉県坂戸市

本場台湾の参拝体験ができる

五千頭の龍が昇る聖天宮
ゴセントウノリュウガノボルセイテンキュウ

国内最大級の道教のお宮。神様のお告げで埼玉の坂戸の地を選び、台湾の宮大工を招き、15年もの歳月をかけて造り上げた。鮮やかな天門も写真映えし、神杯のおみくじもあり。

Map P.114-A2

埼玉坂戸市

🏠埼玉県坂戸市塚越51-1　☎049-281-1161　⏰10:00〜16:00　休無休　￥500円　🚉東武東上線若葉駅東口からタクシーで8分

もっと知りたい！
台湾の廟でおなじみ 伝統人形劇「布袋劇」の魅力

台湾の廟で時々見かける人形劇。およそ17世紀頃発祥とされ、台湾でなら知らない人間はいないと言われるほど、子供から大人まで親しまれている伝統芸能。「布で作られた袋状の人形」を用いたことから布袋劇の名称が生じており、袋状の胴体部分に片腕を入れ、人形師がひとりでいちキャラクターを演じ、口白師がひとりですべてのキャラクターを演じるのが特徴。

これがNEW布袋劇！

2021年4月3日(土)より放送・配信されたTVシリーズ3期『Thunderbolt Fantasy 東離劍遊紀3』。シリーズ2期で魔脊山の谷間に転落した褻雲戒と七殺天凌の行方を捜す殤不患達に新たな魔の手が忍び寄る……。

URL https://www.thunderboltfantasy.com/season3/　Twitter @TBF_PR

運気UPを祈願♪

ご本尊&ご利益
天上聖母（媽祖）を祀る。航海安全の守護神としてのみならず、自然災害や疫病、戦争、盗賊などから人々を守る神様とされている

ていねいに参拝しよ

国泰平安の玉皇大帝（天公）、金運招財の福徳正神も祀る

1. 高炉　2. 開運厄除守り800円。魔除けの効果で知られているオニキスと開運符が入る

神奈川県横浜市

横浜中華街の散策途中に♪

横浜媽祖廟
ヨコハマメソビョウ

きらびやかな門がひときわ目を引く。かつて媽祖様を祀っていた清国領事館跡地に、2006年開廟した。縁結びの神様（月下老人）や子宝の神様（註生娘娘）も祀られているとあって、若い女性の姿をよく見かける。

Map P.121-B2

横浜中華街

🏠神奈川県横浜市中区山下町136　☎045-681-0909　⏰9:00〜19:00　休無休　🚉みなとみらい線元町中華街駅3番出口から徒歩3分、JR石川町駅中華街口から徒歩10分

さらに運気を上げるための 3 STEP

開運大国 台湾にならって！

STEP 1 占いの先生に相談する

代表の織崎真弓子さん。鑑定人数は延べ2000人以上

鑑定後は心がスッキリ♪

占いで人生相談

米粒占い30分5000円
（10分延長1000円）

台湾が本場の紫微斗数を自由が丘で
LEMNISTY レムニスティ

完全予約制のプライベート占い。的中率の高い紫微斗数欽天四化をベースに、気学、八字、西洋占星術、タロットで総合的に鑑定してくれる。物事の吉凶や未来を予測する米粒占いも人気。オンラインや電話鑑定も対応可能。

自由が丘
♠ 目黒区自由が丘（詳細は予約時に確認）
⊕ 無休 ⊕ 要予約 URL https://orisakimayuko.com

STEP 2 開運フードを食べる

フカヒレ
翼をイメージさせる形は「飛躍」の意味が込められている

この形がポイント
水餃子
形が昔の貨幣に似ているので金運UPに。発音から子孫繁栄の意味も

STEP 3 開運グッズを身近におく

ピンク色のグッズ
恋愛運UPに。喜が2つ並んだ「囍」は結婚式の招待状などで使われる

開運の香水（→P.86）
バナナ×パイナップル
バナナの中国語の発音が「招く」に似ており「福を招き栄える」

台湾料理は縁起もの揃い♪

カニおこわ
ハサミを上下に振る姿が運を招くように見えるため開運によいとか

麺線
細く長く生きられますようにと長寿を願う、年越しそば的な存在

カラスミ
ボラ（出生魚）の卵は台湾でも縁起もの。旧正月やお祝いで食べる

花布雑貨
富やめでたさの象徴とされるボタンの花は縁起がよいとされる

パイナップル
台湾語の発音で「ますます栄える」。医療関係者にはタブーとされる

縁起よくておいしい！
ピーナッツ菓子
ピーナッツは「たくさん実がなる」、「良縁を結びつける」といわれる

エネルギッシュなカラー！
台湾先住民族のトンボ玉
一つひとつ願いが込められているトンボ玉。お祝いや祭りでつける

お正月飾り
赤は縁起のよい色とされ、旧正月前になると街中が赤一色に！

縁結びの神様・月下老人さまにおまいり

プチぼうけん 5

プチぼうけん 6

頭から足の先まですっきりリフレッシュ♪
台湾リラクセーションワールドに没入！

頭皮マッサージを受けながら旅気分も味わえちゃう台湾式シャンプーや、中医学をベースにした鍼灸院やサロンで体ケアしちゃお。血流を促進し、体の内側からきれいを目指す！

都内のローカルスパ・中医学
TOTAL 30分～

オススメ時間 完全予約制　予算 施術次第

小さなサロンが多いので早めに予約をどのサロンも完全予約制なので、自分の都合に合わせて予約可能。初回割引が受けられるサロンが多いので、店舗HPやホットペッパービューティをチェック！

台湾シャンプー＆中医学の世界にようこそ！

台湾でスパといえば台湾式シャンプーをはじめ、東京で体験できるへそ灸やカッピング、美容鍼、カッサまでバラエティ豊富。

吃驚！

Taiwan Shampoo

台湾式シャンプー
座ったままシャンプーをする台湾の美容院メニューのひとつ。シャンプーの間にヘッドマッサージを行うので頭スッキリで気持ちいい！

レトロでかわいい

シャッターチャンス！これが日本で体験できるとは！

気分転換にぴったりです

ヘッドスパはアロマをプラス。心身ともに爽快！

台湾式シャンプーを池袋で！
ahsin hair room 池袋店
アシン ヘア ルーム イケブクロテン

アンティーク家具が配されたレトロな空間で、本格的な台湾式シャンプーを体験できる。完全予約制。台湾式ヘッドスパ30分は、肩・背中のマッサージ付きで3300円。

Map P.116-B1 池袋
🏠豊島区池袋2-33-12 平木ビル1F
☎03-5391-8914
🕙10:00～18:00
休火 要予約 JR池袋駅西口から徒歩8分

START

シャンプー液を髪になじませていく

毛先までケアする濃厚泡トリートメント

指圧マッサージを中心に頭皮をもみほぐす

リピーターから評判の肩や背中のマッサージ

しっかりとブローして完成！潤うツヤ髪に♪

FINISH

ツボ押しマッサージグッズも活用する

台湾リラクセーションワールドに没入！ プチぼうけんも

台湾式へそ灸で年中温活！
健美鍼灸院
ケンビシンキュウイン

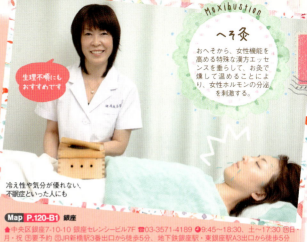

生理不順にもおすすめです

Moxibustion へそ灸
おへそから、女性機能を高める特殊な漢方エッセンスを垂らして、お灸で燻して温めることにより、女性ホルモンの分泌を刺激する。

女性不妊専用の漢方へそ灸・鍼灸院。中国中医師、不妊カウンセラーなどの資格をもつ院長が、脈や舌を診る中医学的問診後に施術を行う。不妊や生理不順、不眠症、更年期障害に悩む人は、女性疾病の改善が期待できるツボの鍼灸を。シワ、シミ、たるみ、リフトアップに悩む方は、美容鍼を併用させる。

冷え性や気分が優れない、不眠症といった人にも

おすすめメニュー
・若返り台湾式漢方へそ灸 (全身コントロール鍼付き) 50分…10000円
・はり・きゅう施術 50〜60分…7000円

Map P.120-B1 銀座
☎中央区銀座7-10-10 銀座セレンシービル7F ☎03-3571-4189 ⏰9:45〜18:30、土〜17:30 休日・月・祝 要予約 JR新橋駅3番出口から徒歩5分、地下鉄銀座駅・東銀座駅A3出口から徒歩5分

デトックス効果や、筋肉痛の改善などが期待できる

Acupuncture moxibustion & cupping
カッピング & 美容鍼

カッピング (吸玉) は、血液の浄化と血行促進、こりや疲れを取っていく。美容鍼は血流アップ、咬筋を緩めていくことで小顔効果も！

吸玉でリンパや血液循環を改善！
銀座ときた鍼灸治療院
ギンザトキタシンキュウチリョウイン

中医学に基づいた鍼灸・カッピング治療院。背中へのカッピングは、自律神経を整える作用があり、ストレス解消につながる。体のだるさや不眠にも効果が期待でき、便秘症にもおすすめ。

おすすめメニュー
・鍼灸治療 60〜70分…6000円
・カッピング 60〜70分…6000円
・鍼とカッピング 60〜70分…7000円
・美容鍼 60〜70分…8000円

目の疲れやアンチエイジングにもよい美容鍼

Map P.120-B1 銀座
☎中央区銀座7-14-13 ラフィーヌ銀座1101 ☎03-6264-2056 ⏰11:00〜20:00 (受付終了) 休年末年始 要予約 地下鉄東銀座駅4番出口より徒歩5分

血管に働きかけるデトックス
バレリアン
カッサ&カッピング専門サロン 表参道店

コンディションに合わせます！

Map P.118-A2 表参道
☎港区南青山3-8-5 M385ビル3F10号室 ☎03-6804-2703 ⏰10:00〜21:00 (日により異なる) 休不定休 要予約 地下鉄表参道駅A4番出口より徒歩5分

五臓六腑に働きかけ、疲労感やむくみ、こりなどに効果的なカッサが人気のサロン。中医学の有資格者がカウンセリングをもとに体質を見極めて施術。適度な刺激で施術後はすっきり。

おすすめメニュー
・五臓美活かっさ 60分…8000円
・腸活かっさ 60分…8000円

適度な圧がかかり赤い跡が残るが4日ほどで消える

Cassa カッサ
ベン石や水牛の角で作られたプレートで皮膚の表面をこすり、ツボや経絡を刺激して血液の流れを整え、デトックス作用を促す施術。

まだまだあるよ！

台湾といえば、足裏マッサージ！本格的なマッサージを体験できる優良店をピックアップしました

足裏マッサージは → P.88

37

プチぼうけん 7

ハマる人続出！プロが推薦する エンタメカルチャーをぐぐっと深掘り

東京で触れられる台湾カルチャーの現代事情と各分野のオススメを
ずっと追い続けている各業界のプロの方々からうかがっちゃいました！

音楽と本と映画の世界　TOTAL 2時間〜

オススメ時間：朝から夜まで

プロのおすすめにまずはトライ
おうち時間に朝から夜まで台湾エンタメ三昧。おしゃれな台湾インディーズを聞いたら、台湾文学の世界に浸りまくる。台湾映画は中国語学習にもなる♪

音楽、書籍、映画の業界事情をチェック！

初心者からマニアまで興味深い最新状況。日本で手に入れられる各分野のオススメまでしっかりチェックして、ググっとディープな台湾カルチャー沼にハマってみちゃおう！

お店で視聴できるよ♪

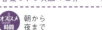

大浪漫商店 → P.57、104

MUSIC

台湾音楽の豆知識

台湾を代表するミュージシャン
言わずと知れた世界的に有名なメイ・デイ（五月天）、個性派シンガーソングライターのクラウド・ルー（盧廣仲）、c-popの女王と呼ばれるジョリン・ツァイ（蔡依林）、中華圏で絶大な人気を誇るジェイ・チョウ（周杰倫）など。

金曲奨とは
中華圏のグラミー賞と呼ばれる、台湾最大の音楽の祭典「ゴールデン・メロディー・アワード（流行音楽金曲奨）」。毎年6月に開催され、YouTubeで生放送を見られる。

日本で台湾音楽の情報を得るには？
「お気楽台湾研究所」さん（→P.26）のSNSは、音楽カルチャーも幅広く。台湾には大小さまざまな音楽フェスがあるので、台湾へ旅行に行けるようになったら、高雄で開催される台湾最大規模の「メガポート」というミュージック・フェスもおすすめ。

大浪漫唱片 BIG ROMANTIC RECORDS 寺尾ブッダさん

青山のライブハウス「月見ル君想フ」の店長を経て、2014年に「浪漫的工作室」と「月見ル君想フ」台北店を開店。東京と台北を行き来しながら台湾に7年滞在。現在は音楽レーベル「BIG ROMANTIC RECORDS」、「大浪漫商店」も運営する。

台湾音楽はインディーズこそおもしろくて元気！音楽を取り巻く環境が狭いからこそ多様性があります。最近は、80年代のポップスなど少しレトロな音楽も人気。ジャケットに凝ったCDやカセットテープの復古趣味も出てきています。

おすすめPOINT
ミュージシャンとしても人気で、おしゃれで自分のブランドもちで、台北の赤峰街でセレクトショップもやっていて、カリスマ的な存在です

寺尾さんの推し3選

サンセット・ローラーコースター（落日飛車）の「Vanilla Villa」
10inch 3630円

フジロックに登場し細部のアレンジまでこだわった究極のアーバンサイケポップスは、唯一無二の落日飛車的アジアンオリエンティックドロックと評される。日本の80年代をリアルに聞いたマニアックな方も反応しています。

おすすめPOINT
懐かしい感じなんですけど、懐かしさだけじゃなくて現代的なセンスでとてもうまくまとめられています

リオ・ワン（Leo王）の「快樂的甘蔗人／快楽のサトウキビマン」7inch 1980円

ラップシンガーという立場で2019年に初めて「金曲奨」の最優秀男性歌手に。これはものすごく快楽なことだが、そのリオ・ワンがようやく2021年2月に日本デビューを果たした。そのデビュー作がこれ！

おすすめPOINT
リオ・ワンの音楽的なバックボーンの重要な要素であるレゲエにフォーカスした作品です

ホン・シェンハオ（洪申豪）の「LIHGT CORAL」CD 2547円

シンガーソングライターで日本ファンも多く、彼の絶版だったファーストアルバムをリイシューさせたのがこの作品。グループVOOID（透明雑誌）はパンクバンドだが、ソロ作品はもう少ししっとりなめらかでメロディアス。

38

OVIE

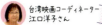

台湾映画コーディネーター
江口さん洋子さん

民放ラジオ局で映画情報番組やアジアのエンタメ番組を制作し、2010年より3年間、台北に在住。現在は映画・映像、イベント、取材のコーディネート、記者、ライターとして活動中。
URL www.asianparadise.net

江口さんの推し3選

台湾映画の豆知識

最初に見たい台湾映画は？
日本でも映画化され話題になった青春映画『あの頃、君を追いかけた（2011年）』、江口さんも製作に関わった日本統治時代に実在した野球チームが甲子園を目指す物語『KANO 1931海の向こうの甲子園』などがおすすめ。

どこで出会える台湾映画？
2021年4月よりシネマート新宿で「おうちでCinem@rt」配信開始。『藍色夏恋』や『台湾人生』『セデック・バレ』などがおうちでも楽しめる。
URL www.cinemart.co.jp/vod/

とにかく多彩で進化する台湾映画。青春系からゾンビ系、ジェンダーレスのラブストーリー、そしてホラーやミステリーも人気です。台湾文化センターとの共催で台湾映画上映&トークイベントを実施しているので参加してみてください♪

青春映画にキュンとなる♪

おすすめPOINT
青春映画のレジェンド的存在。高校生の恋と成長物語に盛り込まれるジェンダー問題が胸を打つ

『藍色夏恋』 2002年
監督：イー・ツーチェン（易智言）
主演：チェン・ボーリン（陳柏霖）、グイ・ルンメイ（桂綸鎂）
発売元：マクザム+オリオフィルムズ
販売元：マクザム 2枚組Blu-rey6380円
© ARCHETYPE CREATIVE LTD all rights reserved

高校生のモンは、親友のユエチェンに頼まれ、彼女が想いを寄せるチャンにラブレターを渡す。が、チャンはモンに恋をしてしまい……。主演二人は、いまやアジア圏で大活躍！

おすすめPOINT
隠された人間関係、事件の解明に挑む法医学者と検事のすれ違う正義、予想を裏切る展開は手に汗を握る

『High Flash 引火点』 2021年10月6日DVDリリース
監督：ジャン・ジンシェン（莊景燊）
主演：呉慷仁（ウー・カンレン）、姚以緹（ヤオ・イーティー）
発売元：株式会社ディメンション 発売協力：ビカンテーサーカス、アジアンパラダイス 販売元：株式会社ハピネット・メディアマーケティング/DVD4180円
© Across Films Inc.

環境汚染に苦しむ高雄の小さな漁村を舞台に、腐敗政治に翻弄される庶民と、その闇をえぐる社会派ミステリー。

おすすめPOINT
期待の主演俳優2人の演技に笑わされ、泣かされる！オリジナリティあふれるラブストーリーです

『1秒先の彼女』 2020年 映画館にて上映中
監督：チェン・ユーシュン（陳玉勳）
主演：リウ・グァンティン（劉冠廷）、リー・ペイユー（李霈瑜）
配給：ビターズ・エンド ©MandarinVision Co., Ltd

人よりワンテンポ早い女の子（シャオチー）と、ワンテンポ遅い男の子（グアタイ）。突然消えた二人をめぐって、時間の流れが異なる男女が織りなす、ファンタジックなラブストーリー。

エンタメカルチャーをぐっと深掘り

プチぼうけん

---

ook

カルチャーブックのおすすめはP.105をチェック！

台北駐日経済文化代表処
台湾文化センター長 **王淑芳さん**

台湾文化部（省）映画テレビ・流行音楽産業司（局）司長、台湾文化部（省）人文出版司（局）司長を歴任。台湾文化センターは、台湾イベントを多数開催している。
URL jp.taiwan.culture.tw
Map P.118-A2 虎ノ門

自己啓発、ノンフィクションの実学的著書（財経、投資、学習、親子教育など）や、絵本・漫画カテゴリーの成長が著しく、本の装丁にもこだわる傾向があります。また、台湾の歴史的、文化的特徴を深く掘り下げた作品も注目されています。

王さんの推し3選

『フォルモサに咲く花』
陳耀昌（著）下村作次郎（訳）
東方書店 2400円+税

1867年に発生した「ローバー号事件」を題材に、台湾の先住民族、閩南人、客家人と西洋の国の間で起きる衝突と協調を描いた作品。

おすすめPOINT
太平洋の神秘的な島と近未来の台湾を舞台に繰り広げられる感動長編をぜひ文字でご体感ください！

『複眼人』
呉明益（著）小栗山智（訳）
KADOKAWA 2200円+税

夫と息子を失い絶望する大学教師と、言葉を解さぬ島の少年の出会いを軸に、多元的視点と圧倒的スケールで描く幻想小説。14カ国で翻訳出版された著者の代表作。2014年にフランスの島文学賞を受賞。

おすすめPOINT
台湾文学賞を受賞し、公共テレビ（公視）によるドラマは2021年夏台湾で放送予定です！

『侯孝賢（ホウ・シャオシェン）と私の台湾ニューシネマ』
朱天文（著）樋口裕子・小坂史子（訳）
竹書房 2750円

台湾を代表する映画監督・侯孝賢と共に『恋恋風塵』『悲情城市』などの名作を創り上げてきた作家・朱天文によるエッセイ集。

おすすめPOINT
80年代の台湾映画シーンにまつわる貴重なエピソードは必読です

台湾文学の豆知識

日本語で読める台湾文学が続々！
日本語で読める台湾文学を18選紹介する小冊子。台湾文化センターのHPからダウンロードできる。

Books kinokuniya Tokyoの台湾書籍コーナーが充実！
台湾ファンの日本人および日本在住の台湾人に最新の台湾書籍を提供したいとの思いから、コロナ禍のなか開設された。紀伊國屋書店の台湾人スタッフが選書した書籍が陳列されている。

プチぼうけん ⑧
今、オンラインレッスンが楽しい！
おうちで台湾料理＆台湾茶を学ぼ♪

ステイホームの影響で、台湾料理＆台湾茶のオンラインレッスンが増加中！ 数あるなかから、基礎から応用まで楽しく学べる教室を厳選しました！ おうちで台湾を満喫しよう♪

台湾料理

台湾家庭料理を学べるレッスン。レシピはもちろん、食文化も勉強できちゃう。一緒に作りたい派も、まずは見て学びたい派もぜひ！

伝統的な台湾料理を楽しく学ぼ♪
hoja kitchen
ホジャ・キッチン

台北にある料理教室。レッスンは市場での食材調達から始まるので、旬の味覚を学べ、台湾の暮らしも少し体験できる。「ホジャ」は台湾語でおいしいの意味。
URL www.hoja-hoja.com

From 台湾
ペギー・キュウ（邱珮宜）先生

台湾料理研究家。日本やオーストラリアでの留学経験があり、日本語での台湾料理教室が大人気。著書に「日本の調味料と食材で作るペギーさんのおいしい台湾レシピ」（KADOKAWA）

オンラインショップも人気！
台湾雑貨やオリジナルのパイナップルケーキ（金萱茶＋マンゴー味と、紅烏龍＋ライチ味。8個2380円）を購入できる。
URL hojakitchen.stores.jp

ていねいに教えてくれるので、料理初心者でも問題なし

日本では珍しい食材も詳しく解説！

台湾家庭料理（食材セット付き）6800円。所要約2時間

始終なごやかな雰囲気ながら、メリハリのある進行＆ものすごい情報量でリピーター率が高い

人気料理研究家のレッスンがおうちで受けられる

オンラインレッスンの流れ

1 オンラインショップから申し込み
予約受付中のレッスンを選び、支払いまで済ませて完了。申し込み締め切りは、前日24時まで。料金や所要時間はレッスンによって異なる。

2 台湾から食材が届く
日本ではなかなか手に入らない食材は自宅へ郵送してくれる。レッスン中に一緒に作りたい人は、開催日の7日前までに申し込みを済ませよう。先生が市場などで調達した、こだわりの食材ばかり！

3 zoomでレッスン
少人数制でアットホームな雰囲気。先生は、日本の野菜やスーパー事情、日本の食文化に詳しいため、的確なアドバイスをもらえる。複数の料理を作る場合は段取りも学べる。

みなさん元気ですか？

はい！台湾は暑そうですね～

実践で使える台湾料理や台湾茶レッスンにトライ！

経験豊富な先生のレッスンを、おうちで気軽に受けられる時代に感謝。一度限り、人数限定のレッスンもあるので、見逃さないようSNSをフォローしておこう！

人気のレッスンを紹介！

TOTAL 45分〜3時間

- オススメ時間：レッスンによって異なる
- 予算：約6000円〜

おうち時間の充実度を上げる！
プライベートレッスンなので、質問や交流しやすい環境。オンラインレッスンを上手に活用して、この機会にスキルを上げよう！値段も比較的リーズナブル。

おうちで台湾料理＆台湾茶を学ぼ♪

台湾茶を日常に取り入れる♪
茶事居
ちゃごと

少人数制の台湾茶道教室。細かい所作も大切だが、まずは台湾茶の知識を学び、楽しむことから始めるスタイル。
URL: cha-goto.amebaownd.com
Mail: cha_goto@yahoo.co.jp

オンラインレッスンの流れ

1 HPから申し込み
HPの「オンラインレッスン」ページから受けたいレッスンを選択し、メールで必要事項を送る。入金後にzoomのIDとパスワードが送付される。

2 zoomでレッスン
レッスンによって内容は異なるが、初心者向けの「はじめての茶事」は、座学がメイン。レッスン時間は40分。初心者向けは6コマ33000円。

3 茶葉、テキストの郵送
講座終了後にテキストと、おもに台湾から仕入れた茶葉（数種類）が郵送される。オンライン教室後に実際の教室へ行くと、より深く学べるはず！

築55年のすてきなアパートメントで行われるレッスン

1 洗練された コーディネートも習得♪

From 東京　ちゃごと先生
2004年から台湾に通って台湾茶道を習い始め、2012年に「ちゃごと」として教室を主宰。2016年にプライベートサロン「茶事居」をオープン。

台湾茶 3Lesson
奥が深い台湾茶の世界。おいしく入れる練習はもちろん、茶葉の知識や茶農家、茶葉店のことまで、幅広く勉強するとより楽しめる。

茶器の手入れや茶葉の保存方法も習得

2 泡茶師のレッスンをマンツーマンで！

From 台湾　細木仁美先生
台湾在住30年以上の泡茶師（台湾茶師範）。元自由時報編集長。通訳案内士（台湾観光ガイド）も取得しており台湾関連書籍の執筆＆通訳などと幅広く活躍している。

座学から実技まで幅広く対応
オンライン茶道教室
オンラインサドウキョウシツ

茶葉の知識から、茶葉店の選び方や買い方など実用的な知識も学べる。台湾観光や中国語を習得できるコースもあり。
URL: cafetalk.com/tutor/profile/?id=298388&lang=ja

1 HPから申し込み
「カフェトーク」でHitomiHを検索し、希望日を選択。1レッスン45分×3回 3000円（計3回）事前に資料が送付される。

2 zoomでレッスン
マンツーマンでレッスン開始。台湾茶の産地、種類、製造、入れ方（座学・実演）、茶道具などを3回に分けて受講する。

台湾茶をディープに極めたい人はこちら
台湾茶ドットネット
タイワンチャドットネット

味覚レベルを知るテイスティングや茶農家と茶葉店の関係性など、鑑定士の視点で台湾茶を深掘りする濃い内容。
URL: taiwancha.net

1 HPから申し込み
HPの「オンライン講座」から予約受付中のレッスンを選択。レッスンによって内容は異なるが、1レッスン2時間6000円。

2 茶葉サンプルが届く
申し込みから数日で茶葉サンプルが自宅に届く。レッスン当日までに、白い茶碗とレンゲを準備しておくと、なおよし。

3 zoomでレッスン
先生の資料を見ながら、あっという間の2時間。途中、茶葉の飲み比べなどもある。アーカイブ配信もあるので安心！

3 鑑定目線で茶葉を学ぶ

From 神奈川　大倉健太先生
台湾茶専門サイト「台湾茶ドットネット」代表。自ら買い付けた約20種類の台湾茶を販売する。台湾茶の専門家に師事し、茶道と鑑定の両方向から造詣を深めた。メルマガ購読者数6000人以上。

41

本場に負けない
名店ズラリ☆

おなかも心も満たす
大好きな台湾の味を東京で
とことん食べつくそ！

台湾グルメといえば、小籠包、屋台グルメ、火鍋、ヘルシースイーツ……♡
本格台湾を感じる店から、東京で独自に進化した店まで
あったかい老闆（店主）が迎えてくれる、とっておきへ出かけよう♪

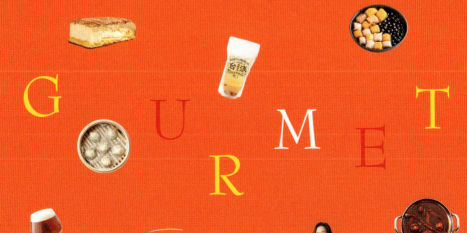

本格的なスパイス！

台湾フライドチキン『ザージーパイ』500円
カレー、梅塩、唐辛子、抹茶から味を選べる

やみつきスパイスとサクサク衣で完食不可避

炸鶏排540円
顔サイズの超巨大唐揚げ。一口サイズ540円も！

ザージーパイ550円
鶏肉のフライに甘辛い濃厚たれがたっぷり！

台湾発!本格唐揚げ専門店

ザージーパイ飯750円
ご飯の上に揚げたての鶏唐揚げと漬物がのったボリューム弁当

香鶏排 シャンジーパイ

ふわふわ台湾カステラVSサクサク巨大唐揚げ

台湾夜市で行列必至の唐揚げ。台湾では鶏ムネ肉を使って揚げる店が多く、シナモンやクローブを混ぜた五香粉をふりかけて仕上げる。

鶏排810円
鶏胸肉はジューシーで飽きのこない味。スパイスが絶妙！

本格的な味わいで大人気！

台湾唐揚 横濱炸鶏排 吉祥寺店
タイワンカラアゲ ヨコハマザージーパイキチジョウジテン

看板メニューの炸鶏排は、厳選した国産鶏ムネ肉を秘伝のたれにじっくり漬け込み、独自に調合したスパイスをふりかけた本格派！

DATAは→P.102

林家排骨 リン・パイコー

フライドポーク専門店であるが、鶏の唐揚げも人気。鶏肉にキャッサバ粉をかけて揚げ、台湾直輸入のスパイスをふりかけている。

DATAは→P.10

NEWエース
カステラ
巨大唐揚げ

なりつつある話題の台湾カステラと、台湾唐揚げを大特集！

当店の大人気メニューです

圧巻の特大唐揚げ！

台湾麺線 タイワンメンセン

本格的な麺線専門店。サクサク衣が自慢の台湾屋台風唐揚げは、食べやすい大きさにハサミで切って食べるスタイル。自家製スパイスをかけて。

DATAは→P.54

お好みで、辛味&生ニンニクを

本場の味を楽しんで！

上：鶏排サンド・ハーフ400円。大鶏排をサンド。ピクルス&オーロラソース入り
右：台灣塩酥鶏450円。国産胸肉を使用

行列必至！話題の唐揚げ店

台湾鶏排とタピオカミルクティーの店 KAPI TAPI
タイワンジーパイトタピオカミルクティーノミセ カピタピ

台湾人が経営する鶏排店で修業を積んだオーナーがオープンさせた。鶏モモ肉を使っているためジューシーで衣との食感が楽しい

Map P.115-B1 渋谷
渋谷区道玄坂2-16-1 ☎03-5856-3018 ⏰11:00～22:00（L.O.21:30）🈚無休 🚇JR渋谷駅A0出口から徒歩2分

台灣大鶏排700円
モモ肉1枚まるごと！秘伝のたれが染み込んでいて美味。本格的な味わい

「台楽蛋糕 東急プラザ銀座店」は、すべて日本の原料を使用していて、本場よりもプレミアム感あり！

45

aruco調査隊が行く!! ①

やっぱりハズせない必食グルメ
小籠包の名店を実食調査!

台湾の名物料理といえば、なんといっても小籠包。台湾から進出した名店から独自のオリジナル店まで、お気に入り店を見つけよう!

ジュワッとスープが♡

ひとりにちょうどいい量。セットもある。

小籠包（一6個）924円

aruco実食レポート
"黄金18摺"といわれる、美しいヒダ！これを絞り出すため皮は薄く透けるほど。スープは鶏のうま味がたっぷりの濃厚系（編集N）

台湾を代表する小籠包の一流店
鼎泰豐 東京駅八重洲口店
ディンタイフォン トウキョウエキヤエスグチテン

ニューヨークタイムズ紙で「世界の人気レストラン10店」に選ばれ、小籠包を台湾の代表料理に押し上げた店。1996年、日本に海外1号店を出店。台湾本店の技を日本で味わえる。

Map P.119-A3　東京八重洲
- 千代田区丸の内1-8-2 TEKKO avenue B1F
- 03-6268-0098
- 11:00〜23:00（L.O.22:00）、土・日・祝11:00〜21:00（L.O.20:00）
- 年末年始
- JR東京駅八重洲北口・日本橋口から徒歩2分

新幹線で小籠包はいかが?

小籠包とエビ入りチャーハンに油淋鶏が付いた「鼎泰豐弁当」1620円

イチオシ! SIDE MENU
「ピリ辛ゆでワンタン（エビ入り）」990円。薄皮にエビと肉あんが入る

小籠包の食べ方

1. レンゲにスープを出してスープを飲む
2. たれは醤油3：黒酢1の割合がおすすめ
3. 針ショウガをのせてパクリ!

色鮮やかでSNS映え間違いなし
PARADISE DYNASTY
パラダイス ダイナシティ

添加物不使用の小籠包は、高級食材や健康食材を皮やあんに使った満足度の高い一品。本格中華料理も多数。海外に約90店を構える。

Map P.120-A1　銀座
- 中央区銀座3-2-15 ギンザ・グラッセ1F・B1F
- 03-6228-7601
- 月〜土11:00〜23:00（L.O.22:00）、日・祝〜22:30（L.O.21:30）
- 年末年始
- JR有楽町駅中央口から徒歩3分、地下鉄銀座駅C8出口から徒歩1分

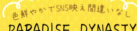

イチオシ! SIDE MENU
「海鮮おこげ」1980円。ホタテやイカをカリカリおこげにオン!

まずは、台湾で人気の2店へ!

aruco実食レポート
「8色小籠包」2100円は、あんに入るトリュフや高麗人参の存在感に感激！金華ハムや鶏肉を10時間以上煮込んだスープも美味（ライターO）

麻辣 / 高麗人参 / フォアグラ / ガーリック / オリジナル / 黒トリュフ / カニの卵 / チーズ

46　「PARADISE DYNASTY」のカラフル小籠包は、SNS映え抜群でテンション上がる。かわいい♡（千葉県・リョウ）

小籠包の名店を実食調査！

毎日食べたくなる優しい味わいの点心を

大二郎の小籠包
だいじろうのしょうろんぽう

オーナーの点心師が着流し姿で、注文が入ってから目の前で皮を伸ばしてアツアツ蒸したてを提供。のれんの似合う外観が目印。

Map P.116-C1 東中野

🏠 中野区上高田1-2-42 ☎ 050-3709-8090
🕐 11:30～14:00、16:30～23:00 休 水・日・祝、年末年始 予 要予約 交 JR東中野駅西口1から徒歩8分

aruco実食レポート
モチモチとした薄皮と、国産豚肉のみを使ったジューシーで弾力のあるあんがマッチ。豚の背脂でうま味を引き出した肉汁が絶品！（ライターO）

南翔小籠包5個980円

一級点心師の小籠包がスペシャリテ

Hibusuma
ヒブスマ

小籠包発祥といわれる店、上海南翔鎮「古猗園」の味を受け継ぐ小籠包。オリエンタルなカフェの雰囲気が心地よい。価格もリーズナブル！

イチオシ！SIDE MENU
「炒川七」1980円。ニンニク炒めにした川七はヌメリのある食感

Map P.114-B2 都立大学

🏠 目黒区八雲1-2-5 ☎ 03-3723-2455 🕐 11:00～14:30（L.O.13:45）、17:00～21:30（L.O.20:45）休 月、年末年始 予 要予約 交 東急東横線都立大学駅北口から徒歩4分

aruco実食レポート
ラードを練り込んだモチモチの皮の中に、豚皮、鶏ガラ、金華ハムをトリプルブレンドした濃厚なスープがたっぷり！優しい味わい（ライターO）

大二郎の小籠包8個1080円

卸しも手がけており、こだわりの食材を使用

aruco実食レポート
口の中でほろっと崩れる肉餡と、あふれんばかりのスープが、透けて見える超薄皮に包まれている。美しいヒダも芸術的（ライターO）

コラーゲンたっぷりの豊潤なスープが醍醐味

京鼎小籠包6個980円

自家家製黒酢をお好みで。通販＆テイクアウトもOK！

「もちもち点心」4個1080円。滑らかなあん

ファンが多い激かわ点心

台湾が本店の人気小籠包専門店

京鼎樓 恵比寿本店
ジンディンロウ エビスホンテン

こだわりの練り方で引き出した肉のうま味が存分に堪能できる京鼎小籠包のほか、台湾産烏龍茶やカニ肉、フカヒレなどを練り込んだ全6種類。

イチオシ！SIDE MENU
「黒酢の酢豚」1280円。豚とさつまいものコントラストが絶妙！

「パイナップルサンデー」600円。特製パイナップルケーキがのる

Map P.118-B1 恵比寿

🏠 渋谷区恵比寿4-3-1 クイズ恵比寿2F ☎ 03-5795-2255 🕐 11:00～16:00、16:00～23:00（L.O.フード22:00、ドリンク22:30）休 無休 交 JR恵比寿駅東口から徒歩2分、地下鉄恵比寿駅1番出口から徒歩5分

イチオシ！SIDE MENU
「極上わんたん」1080円。半透明な薄皮でぷるぷる食感

「焼き小籠包」1080円。香ばしい皮とスープのうま味が絶妙

日本の鼎泰豐は公式サイトから予約可能。台湾にある店舗は予約不可なので、並ばず入れる快適さがうれしい！

都内にじわじわ浸透中！
台湾朝ごはんでお目覚め

台湾朝ごはんの定番、鹹豆漿や飯糰をはじめ朝からでも全然もたれない、あっさり系の魯肉飯まで登場！ヘルシー志向な人には、お粥やベジフードもおすすめ。

台湾の朝ごはん文化
台湾は朝食を大切にしている人が多く、外食産業が発展していることから、午前中だけオープンする朝食専門店があちこちにある！

鹹豆漿500円。厳選した宮城県産大豆を使い、店内搾り。黒糖豆漿や胡麻豆漿もおすすめ

吃早餐囉！

台湾朝ごはんでおなかを満たして1日をスタートしよう♪

油條200円。新鮮な油を使い、カラッと揚げているので軽い食感

油條
ヨウティアオ

細長い揚げパン。鹹豆漿はもちろん、花生湯（ピーナッツスープ）に付けたり、焼餅にサンドしても合う、欠かせない存在！

鹹豆漿
シエンドウジャン

温かい豆乳に、干しエビや揚げパン、ザーサイ、醤油などを加えた豆乳スープ。酢を加えてゆるく固める。

飯糰490円。トッピングは1種類のみ。その場で握ってくれる

飯糰
ファントゥアン

台湾版おにぎり。餅米の中に、油蛋（煮卵）、肉鬆（肉でんぷ）、油條、酸菜（漬物）、花生粉などが入り、ひとつで大満足！

蘿蔔酥餅（大根）280円や胡麻餅240円ほか

東京で味わえる台湾朝食の先駆け！
東京豆漿生活
トウキョウトウジャンセイカツ

とことん台湾味の再現にこだわり、吟味を重ねて誕生したメニューばかり。厳選素材を使い細部まで手作り。防腐剤などの添加物は一切使用しない。

Map P.118-C2 五反田

📍品川区西五反田1-20-3 ☎03-6417-0335 🕘9:00～15:00 休日 🚃東急池上線大崎広小路駅から徒歩2分、JR五反田駅中央改札出口から徒歩5分

白×黒ゴマのミックス！

焼餅
シャオビン

ゴマがのったサクサク生地の焼きパン。ほお張ると、鼻から抜ける香ばしさが♪ 台湾では、焼餅に揚げパンを挟む「焼餅夾油條」が人気。

焼餅200円。店おすすめトッピングは、葱蛋（ネギ卵焼き）110円

48 「東京豆漿生活」のお気に入りは花生（ピーナッツ）餅。ホロホロ食感と甘じょっぱさがたまらん！（東京都・みどり）

台湾風蒸しパン150円。自家製で1日20個限定のためイートインのみ

鹹豆漿490円、魯肉飯(小)390円。あっさりめの味付け

饅頭
マントウ

自家製豆花もおすすめ♪

小麦粉に酵母を加えて発酵させ、蒸し上げたパン。ほんのり甘いので、まずはそのままで。具を挟んでも、浸してもよし、万能選手！

台湾レトロな空気感が楽しい♪
台湾式朝御飯 喜喜豆漿
タイワンシキアサゴハン キキトウジャン

元旅行会社勤務で台湾通の店主が営む下町の人気朝食店。いろいろ食べられるミニサイズが◎。注文票に書くスタイルも本場っぽい。

Map P.114-C2 雑色
🏠 大田区仲六郷2-29-18 ナズ雑色駅前レックス1F ☎080-5534-8747
🕐 火〜金9:00〜14:00（L.O.13:30）、土・日・祝8:00〜 休 不定休 🚃 京急線雑色駅西口から徒歩1分

鹹豆漿／飯糰／蛋餅

蛋餅
ダンピン

台湾の朝ごはん1650円。人気メニューが1プレートで味わえる！

台湾版クレープ。小麦粉、片栗粉、卵で作ったもっちり生地に、卵、ハム、チーズ、ツナなどのトッピングを入れた朝ごはんの定番。

台湾朝ごはんの定番3点セット！
WORLD BREAKFAST ALLDAY 吉祥寺店
ワールド・ブレックファスト・オールデイ・キチジョウジテン

世界各地の朝ごはんが味わえるカフェレストラン。台湾やイギリスなどのレギュラーメニューのほか、2ヶ月ごとに国を変え紹介している。

Map P.115-A1 吉祥寺
🏠 武蔵野市吉祥寺本町2-4-2-102 ☎0422-27-6582 🕐 7:30〜20:00（L.O.19:30）休 不定休 🚃 JR吉祥寺駅北口から徒歩5分

台湾朝ごはんでお目覚め

揚げパン／ショウガ／白髪ネギ／セットメニューも！／ピータン／青菜

7種類の粥メニューを展開する
Cayuzo お粥と汁なし担々麺
カユゾー オカユトシルナシタンタンメン

看板メニューの台湾粥は、粥に最適な国産米を使い、鶏肉と貝柱のだしで炊き上げている。八角の効いた甘めの魯煮が美味。汁なし担々麺も◎。

Map P.118-B1 池尻大橋
🏠 目黒区大橋2-22-3 Mビル1F ☎03-5738-8499
🕐 10:00〜21:00、土・日9:00〜 休 無休 🚃 東急田園都市線池尻大橋駅東口から徒歩3分

ピータン青菜の中華粥780円。トッピングはカスタムできる！

粥
ヂョウ

台湾粥590円。角煮、干しエビなど

台湾の粥文化は多彩！サツマイモを入れただけのシンプルな地瓜粥から、魚介や鶏肉を入れたあっさり粥、潮州式の煮込み系粥など。

台湾風カツ490円など小皿料理も◎

うずまき酥 各330円〜なども人気

数量限定の焼餅を求めて！
四ツ谷一餅堂
ヨツヤイッピンドウ

10時30分まで提供される焼餅は、鹹豆漿を付けて食べたい芝麻焼餅、卵焼きをサンドした焼餅夾蛋、野菜入りの焼餅蔬菜の3種類。

Map P.116-C2 四谷
🏠 新宿区四谷1-17-8 ☎03-5639-9292
🕐 8:00〜18:00 休 月・木・日 🚃 JR四ツ谷駅2番出口から徒歩5分

焼餅夾蛋330円。台湾産醤油と自家製マヨネーズでマイルドな味わいに

週末限定のベジモーニング♪

台湾オリエンタルベジカフェが、土・日7時30分〜10時限定で、台湾朝食専門「台湾早餐天国」に。肉不使用の素魯肉飯や蛋餅が味わえる。

大豆と野菜で作るワンタンスープ素餛飩湯320円

TSUMUGU CAFE
ツムグ カフェ → P.108

「WORLD BREAKFAST ALLDAY 吉祥寺店」は、テイクアウトのほか通販での取り寄せもできる！ 49

個性派揃いの台湾料理店で口福TRIP♡

台湾料理とは
16世紀頃に中国福建省周辺から移民してきた福建人や客家人系の食文化が変化してできた料理。日本統治時代の影響により、醤油や酒をベースにした味付けが多い。福建省系はあっさり素朴な味、客家系は山岳地帯に多く暮らしていたことから保存性が高く濃いめの味が特徴。

「台湾料理」といってもその種類はさまざま。王道の台湾料理から創作系までとっておきを選出！バラエティに富んだ台湾料理の世界にようこそ。

本格的な味を楽しめる人気店4

定番から薬膳まで味わえる
台湾料理 香味
タイワンリョウリ コウミ

自然豊かな台湾ならではの珍しい野菜や海鮮など、素材の味を生かした料理は100種類以上！旬の食材を使った季節限定メニューも多い。台湾出身の気さくなオーナー夫妻に今日のおすすめ料理を聞いてみて♪

Map P.119-A3 新橋
🏠 港区新橋3-16-19 ☎03-3433-3275
🕐 火〜金 11:00〜14:00 (L.O.13:50)、17:00〜23:30 (L.O.23:00)、土・日・祝 11:30〜15:00 (L.O.14:50)、17:00〜22:30 (L.O.22:00) 🚫月 🚃JR新橋駅烏森口から徒歩2分、地下鉄新橋駅4番出口から徒歩6分

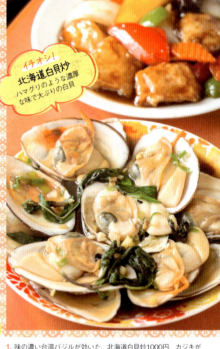

イチオシ！
北海道白貝炒
ハマグリのような濃厚な味で大ぶりの白貝

ふたりでお待ちしてまーす♪

1. 味の濃い台湾バジルが効いた、北海道白貝炒1000円、カジキが取れる台南の家庭料理、カジキマグロ酢豚風炒め1000円。 2. 台湾肉くずもちは九份名物。肉圓700円。 3. 本場さながらの雰囲気♪

代表的な台湾料理　そのほかの料理もチェック！ →P.122

紅蟳米糕
ホンシュンミーガオ
卵を抱えたカニをまるま一杯使ったカニおこわ。餅米との相性抜群

縁起のいいおこわ♪

見つけたら必食！

花枝丸
ファズーワン
イカをすりつぶした揚げ団子。シナモンや八角入りの塩胡椒と一緒に

菜脯蛋
ツァイプーダン
うま味が染みた切り干し大根を炒め、卵で包み焼いた台湾風オムレツ

烏魚子
ウーユイズー
台湾産の肉厚カラスミ。大根とネギを添えていただく。おつまみ！

鹹蜆仔
シエンシエンズー
シジミをニンニク醤油に長時間漬けて煮込んだもの。アサリでも◎

💬「台湾料理 香味」は友達と夜に伺ったことがありますが、台湾の居酒屋にいるような気分を味わえました♪（東京都・テッチ）

50

毎日通いたくなる家庭料理
台湾キッチン かのか

ゆっくりして行ってね♪

人情味あふれるオーナーが作るのは、おばあちゃんの味を受け継いだという優しい味の台湾家庭料理。トマトと卵の炒め物などしっかり野菜を使う料理や、高粱酒入りの特製塩だれに10日間漬けて作る塩豚が自慢。

Map P.116-B2 駒込
🏠 北区中里1-4-4 ☎03-5809-0513
🕐 11:00～14:00 (L.O.13:30)、17:00～21:00 (L.O.20:30) 休月、年末年始
🚉 JR駒込駅JR東口出口から徒歩4分

1. 2. ひとりでも入りやすいカジュアルな雰囲気。縁起物とされるパイナップルや爆竹モチーフのつるし飾りがかわいい♪ 3. トマ玉660円、魯肉飯(→P.57)、塩豚770円、具だくさんの焼きビーフン、焼米粉880円

イチオシ！
焼米粉 (ビーフン)
干しエビと野菜のうまみが細麺と絡んで美味しい！

イチオシ！
梅菜扣肉
濃いめの味付けに、軟らか角煮をご飯と一緒に

客家人の母の味です♪

貴重な客家料理の専門店
台湾客家料理 新竹
タイワンハッカリョウリ シンチク

1. 梅菜扣肉1200円。8年ものの自家製梅菜と、厚切り豚バラ肉を一緒に煮込んだ客家の角煮 2. 客家丼750円。客家高菜と豚ひき肉を煮てご飯にのせた丼 3. 湯米粉750円。スープ入りビーフン

客家料理とは、福建省や広東省などにルーツをもつ客家人の郷土料理のこと。台湾料理でおなじみの八角などの代わりに、保存が効くうま味の強い漬物を使うのが特徴。濃いめの味があと引くおいしさ。

Map P.117-C3 上野
🏠 台東区台東3-14-9 ☎03-5688-1388
🕐 11:30～14:00、17:00～22:00 (L.O.21:00)、土17:00～21:00 (L.O.20:00) 休日・祝 🚉地下鉄仲御徒町駅1番口から徒歩2分、JR御徒町駅・地下鉄上野御徒町駅南口2から徒歩5分

イチオシ！
肉圓
独特な食感は、一度食べたらやみつきに！

1. 肉粽550円。上品な味の肉チマキ 2. 肉圓600円。でんぷんで作った皮で具を包んで揚げたぷるぷるした食感 3. 膶詰880円。香りがよくジューシー！

落ち着いた立地で楽しむ名店の味
台湾料理 麗郷 富ヶ谷店
タイワンリョウリ レイキョウ トミガヤテン

まるごと1頭をさばき、ひづめ以外はすべて食材にするという豚料理は、ミミ、タン、チョウズメなど13種類。上品でありながらこっくりとした、濃厚な味が人気。重厚感のあるのれんが貼りの外観は渋谷店と共通。

Map P.118-A1 代々木公園
🏠 渋谷区富ヶ谷1-14-18 ☎03-3485-3052
🕐 11:30～15:00、17:00～L.O.23:00、土・日・祝11:30～L.O.22:30 休月 🚉地下鉄代々木公園駅2番出口から徒歩3分、小田急線代々木八幡駅南口より徒歩4分

こだわりの台湾料理を提供します

「台湾料理 麗郷 富ヶ谷店」は、湯煎でお店の味をそのまま楽しめる真空パック商品も好評！ URL www.reikyo.jp

> イチオシ！
> 名物水餃子
> 毎日手作り400個限定！
> フルーツがたれの隠し味

> きび砂糖で優しい味

> 日台の架け橋となる料理を作ります

もちもち水餃子の虜になる♡

枝あり台湾創作料理の筆頭店
東京台湾
トウキョウタイワン

イタリアンの料理人だった須藤さんが台湾の知人宅に何度も足を運び、台湾の味を習得。おばあちゃんの味に近い名物水餃子は、タピオカに使う芋粉と小麦粉を混ぜた皮でプリプリ食感。

Map P.118-B1 中目黒
🏠目黒区上目黒2-14-1 ☎03-6451-2499
🕐12:00～14:00、17:00～22:00 休火・水 🚇東急東横線・地下鉄中目黒駅東口2番出口から徒歩1分

1. 蒸鶏ネギ山椒ソース1100円。ガチョウ油でコンフィし蒸して煮込んだ箸でほぐれる骨付き鶏肉を山椒＆ネギのハーブソースで　2. 自家製豆花660円。ジャスミン＆烏龍茶ゼリーですっきり、なめらか豆花　3. 台湾雑貨は購入可　4. 名物水餃子とお茶碗魯肉飯のランチセット1000円。魯肉は肉に3種の部位使用、紹興酒漬け卵を添えて

> 食材にこだわる台湾料理

> イチオシ！
> 麻油麺線煎餅
> 台湾伝統の麺線と、葱のハーモニーが香ばしい

> 釣りの腕前も上々だよ

> もっちり食感お試しあれ！

研究熱心な店主こだわりの味
台湾料理 光春
タイワンリョウリ コウシュン

契約農家で栽培した台湾野菜を使用。店主が台湾で見つけた料理を現地で教わって試作を重ねたメニューの数々。店主が釣った魚を使った特別料理に出会えることも♪

Map P.121-A2 下北沢
🏠世田谷区代沢2-45-9 ☎03-3465-0749
🕐18:00～翌1:00（L.O.24:00）休火、年末年始 🚇京王井の頭線池ノ上沢駅北側口から徒歩1分

1. 裏メニューの麻油麺線煎餅1080円。麺線をオムレツ仕立てにした台南の家庭料理　2. 金沙豆腐1430円。台湾卵豆腐に、アヒルの塩卵の黄身をまぶしたお酒のおつまみにもおすすめの一品。じゃりじゃりした食感が楽しい♪　3. 大根餅900円。干しエビの風味がアクセントになった自家製の大根餅

52　❤「東京台湾」の水餃子は別格。月曜しか営業していなかった頃からのファンです。（東京都・ゆり）

台湾料理店で口福TRIP♡

グラスシャンパン1480円や21種類の厳選されたボトルシャンパンが揃う

台北発の創作レストラン
富錦樹台菜香檳
フージンツリー

「洗練された台湾料理をシャンパンと共に楽しめる店」がコンセプト。新鮮な野菜やフルーツをふんだんに取り入れ、お酒と合うよう味付けされている。油を控えた優しい味わい。

1. 渡り蟹の台湾おこわ8800円（要予約）。4〜6人分 2. 富錦樹トウファ980円 3. カキと揚げパンのニンニクソース1180円、花ニラとピータン豚挽肉のピリ辛炒め1080円、豚足の薬膳スープ煮込み1980円ほか 4. 台湾ビールグラス各880円はおみやげに 5. ディルとトマトの台湾オムレツ1580円

Map P.117-C3 日本橋
🏠中央区日本橋室町3-2-1 COREDO室町テラス2F ☎03-6262-5611 🕐11:00〜23:00（L.O.22:00）🚫館に準ず 🚇JR新日本橋駅4番出口から徒歩1分、地下鉄三越前駅A10番出口から徒歩1分

お酒と合わせたい台湾料理

夏だし紹興酒
アミノ酸やミネラルが豊富。そのうえ低カロリーな体によいお酒♡

料理に合わせたお酒も充実
台湾チャイニーズ 天天厨房
タイワンチャイニーズ テンテンチュウボウ

和食にも精通する台湾基隆出身シェフの料理は、「毎日食べても体によいもの」がコンセプト。素材の味と香りを生かしたシンプルな料理を、ワインや日本酒に合わせて楽しもう。

1. 滷肉飯600円。台湾醤油で基隆の味を再現した自慢の品 2. 肉粽500円。チマキの具は豚角煮、ピーナッツ、菜脯、干しエビ、シイタケ 3. 自家製仙草ゼリー500円。トッピングは芋園など 4. カウンター席含め全14席

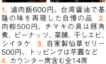
新鮮な旬の食材を使ってます

Map P.114-B1 千歳烏山
🏠世田谷区粕谷4-18-7 ☎03-6754-6893 🕐土・日11:30〜L.O.14:00、月・木〜日・祝・祝前17:00〜22:00（L.O.21:00）🚫火・水、不定休 🚇京王線千歳烏山駅南口から徒歩7分

レモンサワー
お店名物、レモンがまるごと入ったレモンサワーは5種。餃子との相性抜群！

台北に本店を構える餃子専門店
台北餃子 張記 西荻窪店
タイペイギョウザ チョウキ ニシオギクボテン

本店で修業を積んだ料理人が腕を振るう人気店。名物の鍋貼焼餃子は、パリパリ食感の皮に、軟らかい国産黄ニラがたっぷり。ニンニク不使用なのであっさり食べられる。2021年3月には経堂店がオープン！

1. 張さんの鍋貼焼餃子5個319円、張さんのあっさり水餃子5個429円ほか。料理は35種類以上 2. 秘密基地を思わせる空間

Map P.115-A2 西荻窪
🏠杉並区西荻南3-10-5 ☎03-5941-6480 🕐11:30〜21:00 🚫無休 🚇JR西荻窪駅南出口から徒歩1分

「富錦樹台菜香檳」や「台北餃子 張記 西荻窪店」はデリバリーもしているのでチェックしてみて！

ちゃんと食事派もおやつ派も大満足!
台湾のソウルフード小吃(ジャオチー)を食べつくし

小吃とは 直訳は「軽食」だが、中華まんや麺、丼ぶり、夜市の屋台料理など一品料理によく使う言葉。

台湾の街なかや夜市で愛され続けるローカルフード。東京でも急増中だが、その中でもいち押しをチョイス。店主の食材へのこだわりと再現度がすばらし過ぎる!

本格釜焼き!
肉汁ジュワ〜

胡椒餅 フージャオビン
パリパリ生地の中に、スパイスを効かせた豚肉あんとネギが入る。

F 胡椒餅 [MacSubaruスタイル] 450円
台湾の胡椒餅専門店で修業し、独自に研究を重ねた一品。高級食パン専門店と開発した胡椒餅もある

E 胡椒餅 450円
生地には北海道産の小麦粉を使用し、釜で焼き上げる。数量限定。

割包 グアバオ
蒸しパン(饅頭)に豚の角煮やパクチーをサンドした台湾式バーガー。

B 角煮サンド 420円
自家製の饅頭に、豚の角煮、シャキシャキの高菜、パクチーがイン

店頭で蒸し立てホカホカ♪

A 黒ごまあんまん 170円
三重県の老舗のあんこを取り寄せ、店内で加工。臭みが少なく、甘過ぎないゴマあん

包子 バオズ
肉や野菜を包んだ中華まん。ふわふわ、しっとり、くちどけのよい生地!

A ぶたまん 170円
豚バラ&モモは老舗味噌屋の塩麹で軟らかく。台湾から仕入れるネギ油は香り高い

A 厳選食材にこだわる包子店
ブタまんズ
台湾の生地製法を研究した店主が作る、きめが細かい包子。専門農場から仕入れる豚肉は臭みが少なく、澄んだきれいな肉汁が特徴。

Map P.116-B2 巣鴨
🏠 豊島区巣鴨3-17-13 カナールメゾン1F ☎03-5961-1383 🕐10:00〜19:00 (売り切れ次第終了) 休不定休 🚉JR巣鴨駅A3番出口から徒歩5分

B 地元で愛される饅頭専門店
街角饅頭店 吉祥天 マチカドマントウテン キッショウテン
台湾人の店主が迎えてくれるテイクアウト専門店。毎朝、天然酵母で作る饅頭が大人気。麺線や台湾式弁当など台湾料理も味わえる。

Map P.115-A2 西荻窪
🏠 杉並区西荻北3-11-18 ☎03-5961-1383 🕐11:00〜16:30 休不定休 🚉JR西荻窪駅北口から徒歩8分

C 貴重な手延べの麺線がこだわり
台湾麺線 タイワンメンセン
台湾好きのオーナーが、麺線の魅力を伝えたいと始めた店。台湾人直伝のレシピをもとに研究を重ね、本格的な味を再現している。

Map P.119-A3 新橋
🏠 港区新橋5-22-2 ル・グラシエルビル1F ☎03-6435-6032 🕐月11:30〜15:00 (L.O.14:30)、火〜土11:30〜14:30 (L.O.14:00)、17:30〜22:00 (L.O.21:30) 休日、年末年始 🚉地下鉄御成門駅A4出口から徒歩4分、JR新橋駅烏森口から徒歩8分

---

54 「ブタまんズ」のぶたまん、家族全員「ものすごくおいしい!」と大絶賛。通販もあってうれしい! (東京都・ゆかり)

小吃を食べつくし

にんにく醤油で味変♡激ウマ

米粉 ミーフェン
素麺状のライスヌードルで、日本でいうビーフン。焼きと汁の2種類。

Ⓓ 蟹玉ビーフン 935円
ふわとろ食感の蟹玉は、グリンピース、タケノコなどの野菜入り

Ⓓ 五目ビーフン 935円
エビ、タケノコ、ウズラの卵、豚肉など具沢山！スープも美味

全部飲んでも250kcal♪

麺線 ミェンシェン
台湾発祥！素麺風の細麺を鰹だしの効いたスープで煮込んだ国民食。

Ⓒ 麺線 737円
手作りの麺線を台湾から直輸入。豚モツ入りの熱トロスープが◎

粽子 ゾンズ
味付けした餅米を笹の葉などで巻いて蒸す。具材は地方により異なる。

Ⓓ バーツァン(中華風ちまき) 770円
角煮やウズラの卵が入ってボリューミー。皇室に献上されたことも

蚵仔煎 オアジェン
カキ入りオムレツ。とろみのある甘辛いたれがかかった、人気の屋台料理。

Ⓖ 蚵仔煎 880円
カキをトッピングした卵焼きにかかるピリ辛ソースが食欲をそそる

Ⓒ 豚足 968円
プリプリ食感の豚足は、コラーゲンたっぷりで美容効果抜群！

豬滷腳 チュウルージャオ
醤油ベースのたれで軟らかく煮た豚足は、台湾でおなじみの家庭料理。

香腸 シャンチャン
豚肉、五香粉、シナモンなどで作る台湾ソーセージ。甘めの味付け。

Ⓗ 台湾腸詰め(1本) 400円
香辛料の味がする本格派で、台湾ビールや紹興酒のお供にぴったり

漬物と一緒にパクつこう！

豬血糕 チュウシエガオ
餅米に豚の血を混ぜて蒸したもの。クセがなく食べやすい。鉄分補給に。

Ⓗ 豬血糕 700円
数量限定。豬血糕を揚げて提供している。白胡椒をお好みで！

Ⓗ 台湾臭豆腐 800円
夜市でよく見かける(臭う)臭豆腐。揚げているので食べやすい

臭豆腐 チョウドウフ
発酵液に漬けた豆腐を煮たり、揚げて食べる。一度ハマるとやみつきに。

Ⓓ **ビーフン好きの聖地！**
ビーフン東 ビーフンアズマ
台南で日本料理店を営んでいたオーナー。香辛料を使わない和テイストの台湾料理は日本人好み。ゆで具合が絶妙のビーフンは必食。

Map P.120-B1 新橋
港区新橋2-20-15 新橋駅前ビル1号館2F
03-3571-6078 11:30〜L.O.13:45、17:00〜L.O.20:30、土11:30〜L.O.13:15
日・祝 コースのみ 地下鉄新橋駅2番出口から徒歩3分、JR新橋駅烏森口から徒歩4分

Ⓔ **朝早くから営業する人気店**
四ツ谷一餅堂 ヨツヤイッピンドウ → P.49
特注の釜でじっくり焼き上げる胡椒餅や釜焼き焼餅の卵サンドが名物。台湾茶や甘味も。

Ⓕ **店主こだわりの台湾茶屋**
KIKICHA TOKYO キキチャトーキョー → P.103
台湾茶や豆花、タピオカを味わえる。季節限定メニューも登場。テイクアウトもできる。

Ⓖ **安ウマの屋台料理が勢ぞろり**
新台北 下北沢本店 シンタイペイ シモキタザワホンテン → P.105
食材の魅力を引き出した約80種類の料理はどれもコスパ高。台湾人一族が営む活気ある雰囲気。

Ⓗ **中華な空気を堪能！**
友誼食府 フードコート
ユウギショクフ フードコート → P.109
台湾・中国グルメが並ぶ。台湾料理店「匯豐齋」による店舗では、夜市グルメのオンパレード。

「友誼食府フードコート」の匯豐齋ではテイクアウトも可能。同じ建物内の中華食材店「友誼商店(→P.109)」も一緒に！

魯肉飯

うま味と脂身のバランスが日本人好み

豚ひき肉、カシラ、皮
滷蛋
ネギ
豚バラ肉

やわらか～い角煮がごろごろ♡

スパイスで作り出す本場の味わい！

たくあん
小松菜など
豚バラ肉
滷蛋

A ディープな台湾を体感できる
台湾料理 香味 タイワンリョウリコウミ
100種類以上の家庭料理を楽しめる新橋の有名店。元駐在員の常連さんも多く、壁一面にメニューが貼られたたたずまいは台湾そのもの。
→P.50

台湾屋台 三枚肉煮込み丼 700円

arucoチェック！
味の濃さ ★★★★
八角の量 ★★★
ボリューム ★★★
◆recommend◆
陳皮やシナモン、八角が香る滷味でじっくり煮込んだ、皮付き豚バラ肉が美味♡ピリ辛な大根の醤油漬け「醬蘿蔔」ともマッチ。(ライターO)

arucoチェック！
味の濃さ ★★★
八角の量 ★★★★
ボリューム ★★★
◆recommend◆
肉の部位を4種類ミックスしているから、ボリューミーでもうま味や食感の違いを楽しみながら飽きずに食べられてしまう。(ライターO)

A 魯肉飯、肉燥飯、扣肉飯をかけ合わせた贅沢な一品。ごろごろとした肉は食べ応えあり！
B 魯肉飯930円。五香粉を使わず、魚介ペーストや台湾醤油などの調味料で煮込んでいる

B おしゃれだけど気取らない店内
FUJI COMMUNICATION フジコミュニケーション
台北を食べ歩き、試作を重ねた水餃子のほか、スパイスの効いた台湾ストリートフードが自慢。料理に合わせたナチュールワインも充実。
→P.110

高雄出身ママが作る台湾南部の味
キュウリ
滷蛋
豚バラ肉
パクチー

arucoチェック！
味の濃さ ★★★
八角の量 ★★★
ボリューム ★★★
◆recommend◆
秘伝の魚介ペースト効いた豚バラ肉は、トロトロによく煮込まれている。さっぱりとしたキュウリの漬物との相性が◎(ライターO)

B 魯肉飯700円。ちょっと食べたい！を叶えてくれる小サイズ660円もあり

C 仲よし夫婦が迎えてくれる店
台湾キッチン かのか
魯肉飯や排骨肉、ビーフのような定番の台湾料理はもちろん、たっぷりの野菜を台湾の調味料で仕上た滋味深いメニューもたくさん。
→P.51

新境地を開く麻辣味の魯肉飯

ビールにも合います

麻辣味
滷蛋
オリジナル味
豚バラ肉
糸唐辛子
キュウリの漬物
キャベツ

魯肉飯の合いがけオリジナル麻辣 1000円

arucoチェック！
味の濃さ ★★★
八角の量 ★★★
ボリューム ★★★★
◆recommend◆
バランスの取れた魯肉飯と、ただ辛いだけでなく山椒や唐辛子に加え麻辣の香りが立ちのぼる魯肉飯の2種、合いがけで。(編集N)

D 台湾料理も評判の茶藝館
台湾茶カフェ 狐月庵 タイワンチャカフェコゲツアン
台湾人シェフが、ていねいに作るフードメニューは、ほとんどが数量限定。ランチセットに日替わりの台湾茶が付くのは茶藝カフェならでは。
→P.67

大きめサイズの豚バラ肉がゴロゴロ

滷蛋
豚バラ肉
ピクルス

arucoチェック！
味の濃さ ★★★
八角の量 ★★★
ボリューム ★★★★
◆recommend◆
台南出身の店主の家庭の味は、濃過ぎずマイルドで食べやすい。滷蛋まるごと1個がうれしい。ピクルスがいいアクセントに。(ライターM)

E 下北新名所の魯肉飯スタンド
大浪漫商店 ダイロマンショウテン
新名所BONUS TRACKのなかで、魯肉飯や滷味、台湾クラフトビールが味わえる。オーナーは現地で魯肉飯を食べまくり、この味にしたという。
→P.104

F 魯肉飯1050円(サラダ・スープ付き) ホロホロに煮えた大きめの豚バラ肉。3種のピクルスがさわやか

少しだけ食べたい！を叶えてくれる

滷蛋

arucoチェック！
味の濃さ ★★★
八角の量 ★★★★
ボリューム ★★
◆recommend◆
毎日煮込んでいる角切り豚肉はぷりっと軟らか。さらりとしたコクのある甘辛い煮汁がたっぷり染みたご飯もおいしい。(ライターO)

D 魯肉飯880円 (日替わりの小鉢付き)。ランチでいただける魯肉飯は1日10食限定

F フードが充実している茶藝館
台湾カフェ 月和茶 タイワンカフェユエフウチャ
定番メニューはもちろん、ヘルシーな薬膳料理とスイーツが人気。台湾情緒を感じる古民家風のインテリアでカウンターや座敷席もある。
→P.102

E 通常の魯肉飯には干しエビのだしや油葱酥からの香りが感じられ、飽きのこないさっぱり味

魯肉飯ラバーによる食べ歩きブログ「今日もルーロー飯」URL alsoluroufan.com もチェック！

ここがスゴイ!
石をくりぬいた特注の石鍋。遠赤外線の効果で、短時間で素材のうま味を引き出してくれる!

アツアツ火鍋はいかが?

ごゆっくりどうぞ〜

鶏がらスープ / 牛肩ロース / カニ / 豚バラ肉 / エビワンタン / エビ

石頭鍋 スートウ
韓国の宮廷料理が台湾に伝わり独自に進化した鍋。たっぷり使うゴマ油の香りが特徴。生卵や豆乳も入れるたれも美味。

隠れ家的一軒家で石鍋を堪能

石頭楼アネックス
スートウロウアネックス

かつては紹介制だった看板のない石鍋専門店。スタッフが調理してくれるので、ゆっくり会話を楽しめる。看板メニューは石頭火鍋7260円/人。たれはポン酢ベースと卵ベースの2種類。

Map P.118-A2 六本木
🏠港区六本木7-5-4 ☎03-3470-4777 ⏰17:00〜23:00、土・日・祝17:00〜22:00 無休 地下鉄六本木駅7番出口、乃木坂駅3番出口から徒歩5分、六本木駅4番出口から徒歩8分

ここがスゴイ!
たれがいらない薬膳スープは、たくさん飲んでも喉が乾かず、翌朝はお肌ツルツル!

回味スープ / クコの実 / トウガラシ / リュウガン / ナツメ / 天香スープ

鴛鴦薬膳鍋 ユェンヤン
天然の植物を煮込み、栄養分が溶け込んだスープで食べる鍋。美容効果、滋養強壮が期待できる。口当たりよく胃にもたれない。

1. 日本国内に8店舗を展開する
2. 国産野菜と米沢豚、クロレラ入り翡翠麺にデザートが付くAコース4597円。単品注文もできる

飲み干したくなる秘伝のスープ

天香回味 日本橋本店
テンシャンフェイウェイ ニホンバシホンテン

数十種類の天然植物エキスが溶け込んだ2種類のスープがおいしいと評判。珍しいキノコなどたっぷり野菜が食べられるのも◎。

Map P.117-C3 日本橋
🏠中央区日本橋室町1-13-1 ☎03-5255-7255 ⏰11:30〜14:30(L.O.14:00)、金〜日・祝17:00〜20:00(L.O.19:00)、訪問前要確認 無休 夜は望ましい 地下鉄三越前駅A4番出口から徒歩1分、JR新日本橋駅から徒歩4分、地下鉄日本橋駅から徒歩5分

薬膳鍋ならここもおすすめ!

笑龍 ショウリュウ
完全予約制の薬膳火鍋専門店。美容効果が期待される漢方食材と、厳選した季節の食材にこだわる。

Map P.118-B1 恵比寿
🏠渋谷区恵比寿南3-9-15 ☎03-5704-4129 ⏰12:00〜15:00(L.O.14:30)、17:00〜23:00(L.O.22:30) 月 要予約 地下鉄恵比寿駅3番出口から徒歩6分、JR恵比寿駅西口・東急東横線代官山駅から徒歩7分

1. フカヒレ姿煮4400円
2. 免疫きのこ薬膳火鍋コース7700円/人。前菜、エビ春巻き、火鍋セット、物、デザート
3. 住宅街にある一軒家

麻辣湯 / 白湯

★台湾の火鍋イロハ★

① スープを選ぶ
2種類の味をハーフ&ハーフで楽しむ鴛鴦鍋がおすすめ。辛い麻辣と、まろやかな白湯、薬膳スープなどさまざま。

② 鍋の食材
日本のお店は食材固定が多いが、台湾は選べる場合が多い。揚げパン、鴨の血を固めた鴨血は、ぜひ現地で試して!

③ たれの組み合わせ
台湾はセルフサービスでたれを作れる店が多い。魚介ベースで独特の風味がある沙茶醤+醤油+ネギがおすすめ。

「AKUBI」は小皿料理も充実しているので、台湾の屋台気分でちょい飲みもOK!

バリエーションは本場さながら！
進化し続ける ドリンクスタンド

やっぱりハズせないタピオカから果物を贅沢に使ったフルーツティー、台湾ならではの愛玉や仙草、タロイモ入りドリンクなどバラエティ豊富！

タピオカミルクティー発祥の店！

¥600

タピオカ系

台湾ドリンクといえばハズせないタピオカ。店によってこだわりが違うのでチェックして！

抹茶タピオカミルク ¥530

黒糖タピオカミルク ¥530

A タピオカミルクティー
無添加の茶葉を使ったミルクティーに小粒タピオカがイン。茶葉は気候に合わせて仕込みを調整し、いつ飲んでも安定のおいしさ

冬季限定

生いちごタピオカミルク ¥630

1. 沖縄産の高級黒糖を使った人気No.1ドリンク 2. 京都の高級宇治抹茶を粉から使った抹茶好きも納得の一品 3. シロップやジャムを使わず、高級イチゴ100％使用。数量限定

コレもCheck!
渋谷マークシティ店限定カクテル。鉄観音にカルーア、ミルク、タピオカ入り。鉄観音×ビールのティービールも美味（→P.68）

D タピオカミルクティー ¥594
昔ながらの製茶方法を用いて作られた茶葉と台湾から空輸したタピオカを使った贅沢なひと品。化学調味料は使っていない

A 3Qミルクティー ¥550
タロイモとサツマイモのお団子（芋圓）にタピオカを合わせたもちもちの組み合わせ。タロイモとサツマイモの優しい甘味が口のなかで広がる

モチモチがクセになる

濃厚黒糖がやみつき♡

A 黒糖タピオカミルクティー ¥565
新鮮なミルクと国産黒糖のタピオカがたっぷり。黒糖タピオカは、＋80円で増量可能。秋冬シーズンは、ホットもおすすめ

レモン1個まるごとイン！

フルーツ系

注文を受けてから作るフレッシュなフルーツティーや、さわやかな乳酸菌ドリンク。

新鮮フルーツたっぷり！

A レモンキング ¥615
すっきりさわやかなジャスミン緑茶に生レモンがまるごと1個入ったドリンク。トッピングでナタデココ（75円）もおすすめ

A 乳酸菌マンゴー ¥545
まろやかな乳酸菌飲料と、マンゴーの組み合わせが人気のメニュー。夏場にぴったり！

C 一芳フルーツティー ¥600
青茶をベースに、パイナップル、リンゴ、パッションフルーツなど。果物の甘みを楽しめる無糖がおすすめ

C タピオカミルクティー ¥550
台湾直送の茶葉と天然のタピオカを使用している。沖縄産黒糖で煮詰めたシロップもまろやかで味わい深い

60　台湾からやってきたドリンクは、甘さが「普通」でも甘過ぎることが多い。砂糖少なめでちょうどよい。（東京都・さーさ）

変わり種系

日本では珍しい愛玉、仙草、タロイモ、冬瓜を使ったドリンクたち。台湾ではポピュラー！

冬瓜レモン玉露 ¥480 C
冬瓜は体の熱を放出してくれる効果あり。冬瓜を黒糖で煮込んだ独特な甘さは、やみつきになる人続出。レモンでさわやかに

小腹がすいたときにも♪

タロ芋サゴ ¥720 C
優しい甘味のタロイモミルクにプチプチ食感が楽しいサゴをトッピング。タロイモは満腹感があるのにサツマイモよりヘルシー

台湾伝統のヘルシーな愛玉ゼリー♡

プリンミルクティー ¥616 D
プリンをまるごと1個使ったスイーツなひと品。紅茶の風味がしっかりしているミルクティーとの相性抜群

仙草ジェリーミルクティー
薬草(仙草)をゼリーにしてミルクティーと合わせた人気メニュー。仙草ゼリーのほろ苦さが絶妙

台湾の伝統スイーツ♪
M ¥594 D

特選愛玉レモンティー M ¥594 D
植物(愛玉)の種をもみ洗いして作るゼリー。天然のコラーゲンが多く含まれ、台湾では美容スイーツとして知られている

進化し続けるドリンクスタンド

漢方系

見た目だけじゃない！おいしくてヘルシーに飲める漢方ドリンクが夏季限定で登場する。

¥810 E

1袋88キロカロリー！

白木耳美肌ジュース
白キクラゲの薬膳ドリンク。蓮の実、クコの実、ナツメを氷砂糖と一緒に煮込んでいる。HOTもおすすめ！

夏季限定

A 世界4500店舗以上展開する人気スタンド

CoCo 都可 高田馬場店
ココトカ タカダノババテン

1997年創業。氷や甘さを自分好みにカスタマイズ可能。食材のほとんどは台湾から直輸入し、本場の味を忠実に再現している。

Map P.116-B1
高田馬場
新宿区高田馬場3-4-19 ☎03-5358-9455
11:00〜22:00 無休 1/1 JR高田馬場駅早稲田口から徒歩2分

B 最高級食材を使用したこだわり店♡

茶々坊 東向島店
チャチャボウ ヒガシムコウジマテン

台湾から仕入れた大粒の生タピオカを秘伝のシロップにじっくり漬け込んでいるため、コクとうま味が凝縮。甘さや氷の量も調整可能。

Map P.117-B4
東向島
墨田区東向島5-3-5 ☎080-4441-8800
10:00〜22:00 無休 東武スカイツリーライン東向島駅から徒歩すぐ

C 看板メニューのフルーツティーをぜひ

一芳 新大久保店
イーファン シンオオクボテン

台湾産の茶葉や旬のフルーツなど台湾や日本の精選した食材を使っている。食材本来の味を楽しんでもらうため、無添加にこだわる。

Map P.116-C1
新大久保
新宿区大久保1-3-11 PATIO東新宿1F ☎080-4182-2788
11:00〜22:00 (L.O.21:50) 不定休 地下鉄東新宿駅B3出口から徒歩1分、JR新大久保駅北口改札から徒歩9分

D 台湾ならではのユニークなドリンク多数

萬波 上野店
ワンボ ウエノテン

紅茶専門店からスタートした店。徹底した品質管理で育てられた茶葉と、無添加のタピオカで作られたタピオカミルクティーをぜひ！

Map P.117-C3
上野
台東区上野6-11-4 ☎03-6317-3092
12:00〜19:00、土・日〜20:00 無休 JR上野駅6番出口から徒歩1分、京成上野駅正面口から徒歩2分

E 話題の商品続々！おしゃれ漢方専門店

DAYLILY 誠品生活日本橋店
デイリリー セイヒンセイカツニホンバシテン

台湾発、漢方のライフスタイルブランド。漢方由来の素材をブレンドした食べるお茶や植物由来のシロップ、コスメなどを扱う。

→ P.86

F 店舗限定のドリンクやフードメニュー多数！

春水堂 渋谷マークシティ店
チュンスイタン シブヤマークシティテン

鉄観音茶を使ったアルコールメニューのほか、大根餅やカリカリ黄金チキンなどの小皿料理もこの店舗限定の特別メニュー。

→ P.25

モチモチ食感のことを、台湾では「QQ(キュキュ)」と呼んでいて、タピオカや餃子の皮などに使う。

秒で笑顔になれちゃう！
都内えりすぐりの台湾スイーツ

ヘルシーでおいしい台湾スイーツ。日本でフィーバー中の豆花をはじめ台湾カキ氷、モチモチ食感の芋圓、さらには仙草スイーツまで登場！

その1
豆花 ドウファ
豆乳をニガリなどで固めて、シロップをかけて食べる伝統スイーツ

明天豆花 800円
- のどごし抜群のつるりとした豆花に、優しい味わいのトッピング。薬膳豆花800円、黒胡麻豆花900円も◎
- トッピング多め一番人気♡
- きな粉砂糖
- 押し麦
- 白玉
- タピオカ
- 特製ぜんざい
- 茹でピーナッツ

果物豆花 900円
- ライチ
- 豆乳生クリーム
- キウイ
- ピンクグレープフルーツ
- バナナ
- パフ
- ホイップは豆乳で作られているので、あっさりヘルシー！フルーツと、押し麦のパフがアクセントに

朝食豆花 600円
- 押し麦
- ゆでピーナッツ
- シンプルに楽しみたい人はこちら。もっちりした押し麦とゆでピーナッツの食感が楽しい

テイクアウトもOK！
持ち帰りやUberEATSにも対応。かわい過ぎるBOXや店内内装デザインは、プロデューサーのeriさんによるもの

オリジナリティあふれる新食感豆花♡
明天好好 ミンテンハオハオ
看板メニューのつるんとした豆花をはじめ、粥や鹹豆漿（豆乳スープ）、麺線などが味わえるヴィーガンカフェ。料理監修は、青山「Mimosa」南俊郎シェフによるもの。

Map P.115-C1 中目黒
- 目黒区青葉台2-20-7
- 03-6452-3102
- 11:00〜23:00（詳細はHPを要確認）
- 無休
- 東急中目黒駅南出口から徒歩10分

- ユニホームもおしゃれ♡
- メニュー掲示も海外風〜♪
- 雰囲気満点☆ガラスケース

「明天好好」は唯一無二の空間。ここに来るだけでちょっと旅したような気分を味わえます！（東京都・碧）

上／純豆花500円
下／総合豆花700円。手作りで、ハトムギ、白キクラゲ、緑豆、小豆、手作り黒糖タピオカ、芋圓、など

甘酸っぱくて夏にぴったり

手作り豆花をぜひ！

1. ローゼルティー500円。生しぼりレモンをアクセントに。阿里山愛玉茶500円も美味
2. 3. 店内には台湾雑貨があちこちに。ルーロー飯700円など食事メニューもおすすめ

台湾人の店主が迎えてくれる
家豆花 ジャドウファ

自家製豆乳を使った本格的な豆花が味わえる。無添加・無着色にこだわり、台湾伝統の味が楽しめるとあって、お客さんの半分は台湾人とのこと。豆花は、温か冷を選べる。

Map P.117-C3 浅草橋

🏠台東区浅草橋2-29-14 ☎03-3851-9475 ⏰11:30～19:00（L.O.18:30）休無休 🚇地下鉄浅草駅A4出口から徒歩2分

都内えりすぐりの台湾スイーツ

優しくて懐かしい本場の味を再現
東京豆花工房
トウキョウマメハナコウボウ

台湾人を妻とする店主が台湾での修業後、数百回に及ぶ試作を重ねて完成させた豆花。毎朝新鮮な豆乳を使い手作りしている。毎年11～4月はショウガシロップも登場する。

Map P.117-C3 淡路町

🏠千代田区神田須田町1-19 ☎03-6885-1910 ⏰11:30～19:00 休水 🚇地下鉄小川町駅A3出口から徒歩2分、淡路町駅A3出口から徒歩2分、JR神田駅北口から徒歩4分

トッピングは常時7種類以上

東京豆花770円。トッピングはハトムギや緑豆をはじめ季節限定も

プレーン味の原味豆花550円。温か冷を選べる

1. いちごと桃のコンポート豆花～烏龍茶ジュレがけ～1474円 2. イチゴ豆花1474円。パールタピオカと練乳がアクセント 3. ピーナッツ豆花638円。台湾冬瓜糖水を使う

イチゴがどっさり！

台北で親子3代続く豆花専門店
騒豆花 ルミネ池袋店
サオドウファ ルミネイケブクロテン

毎日店舗で大豆を搾り豆乳を作っている。本場の味を再現するため、食材や機材は台湾より直輸入するこだわり。食事メニューもおすすめ。イチゴを使った豆花は11～5月限定。

Map P.116-B1 池袋

🏠豊島区西池袋1-11-1 ルミネ池袋8F ☎03-5843-3603 ⏰11:00～21:00（L.O.20:30）休無休 🚇JRほか池袋駅南口出口から徒歩1分

ていねいに手作りした豆花
浅草豆花大王
アサクサドウファダイオウ

台湾や日本全国にある豆花を食べ歩いて来た店主が作る絶品豆花。トッピングもすべて手作りしており、常時12種類。特に、サツマイモ団子、ハトムギ、ピーナッツが人気。

Map P.117-B4 浅草

🏠台東区浅草4-43-4 ☎03-5849-4580 ⏰12:00～20:00、土・日・祝11:00～19:00 休火 🚇地下鉄浅草駅7番出口、東武伊勢崎線浅草駅北改札口から徒歩12分

名物の豆花150g400円、300g500円。トッピングは100円～

木桶豆花1.3kg2400円。温かい豆花のみ。テイクアウト不可

トッピングは5種付き！

総合かき氷小800円。豆類たっぷりのった素朴な味わい

「浅草豆花大王」では、豆花作り教室を開催中。ひとりから参加できる！

その4 仙草 シエンツァオ

デトックス効果や解熱作用のある薬草。ゼリーにしてスイーツに！

黒工1号 750円

仙草ゼリー、タロイモボール、台湾の米酒で炊いた黒米、ドライリュウガン、ミニ芋圓入り

ミルクと仙草がよく合う♪

黒工2号 600円

サツマイモとタロイモで作った芋圓、タピオカ、ミニタピオカ入り

焼き仙草 650円

温かい仙草、2種の芋圓、アズキ、ハトムギ、タピオカ、ピーナッツ、サツマイモ粉で作られる粉角

秋・冬限定

総合黒工 850円

マンゴー、ミニ芋圓、ナタデココ、仙草、豆花が入ったスペシャルなひと品。大人気！

仙草オリジナル M605円 L935円

たっぷり入った仙草に、2種類の芋圓、コーヒーフレッシュをかけてまろやかに！

甘すぎずクセになる

A
話題のスイーツが次々登場！
台湾甜商店 新宿店
タイワンテンショウテン シンジュクテン

「心を癒す、台湾時間」をコンセプトに、食を通じて台湾の魅力を発信中。芋圓や豆花などのスイーツほか台湾美食も食べられる。

Map P.116-C1 新宿
新宿区新宿3-36-10アインズ&トルペ新宿東口店2F ☎03-5925-8240 11:00～22:00(L.O.21:00) 無休 JR新宿駅中央東口から徒歩1分

B
台湾発！伝統スイーツ専門店
MeetFresh 鮮芋仙 丸井吉祥寺店
ミートフレッシュ シェンユイシェン マルイキチジョウテン

台湾台中の農家で生まれ育った姉弟がスタートさせて、現在は世界800店舗以上に！厳選された自然食材を使い手作りされている。

Map P.115-A1 吉祥寺
武蔵野市吉祥寺南町1-7-1丸井吉祥寺店1F ☎042-227-5939 10:30～20:00 無休 JR吉祥寺駅南出口から徒歩2分

C
本場仕込みの仙草ゼリー！
黒工号 新高円寺店
クロコウゴウ シンコウエンジテン

台湾台南に本店がある仙草ゼリー専門店。台湾から直送された食材をさらに日本で厳選し、本場の味わいを忠実に再現している。

Map P.114-B1 高円寺
杉並区高円寺南2-20-9 ☎03-6454-6016 12:00～20:00 無休 地下鉄新高円寺駅2番出口から徒歩1分、JR高円寺駅南口出口から徒歩11分

台湾スイーツの代表的なトッピング

都内えりすぐりの台湾スイーツ

アズキ(紅豆)
台湾のアズキは甘さ控えめが多い。屏東県萬丹郷産が有名

緑豆(緑豆)
豆の皮の部分に栄養がある。解熱作用があることから夏に◎

ピーナッツ(花生)
台湾でも愛されるピーナッツはスイーツやおやつに多用される

白玉団子(湯圓)
あんこやゴマあん、ピーナッツあんなどを入れたものも人気

タピオカ(粉圓)
タピオカミルクティーの小粒は珍珠、大粒は波覇と呼ばれる

愛玉ゼリー(愛玉)
愛玉の種を水の中でもみ込み、ゼリーにする。解熱効果がある

蓮の実(蓮子)
食物繊維が豊富でむくみ防止にも。台湾ではスープにも入れる

オートミール(麥片)
軟らかく煮たオートミール。ドリンクやスイーツに使われる

ハトムギ(薏仁)
美肌効果があり台湾ではスイーツにのせたり、炊飯時に混ぜる

タロイモ(芋頭)
栄養価が高くヘルシー。素朴な甘さがおいしく腹持ちも抜群！

サツマイモゼリー(粉粿)
サツマイモの粉をゼリー状に固めたもの。色鮮やかでかわいい

体を冷やすことはよくないとされる台湾では、温かいスイーツも人気。日本でも温か冷を選べる店が急増中！

台湾茶を楽しむなら モダン茶藝館 &カフェへ♪

奥深い茶藝の世界を気軽に楽しめる、台湾茶に強い東京の茶藝館＆カフェ。メニューも魅力もさまざまなのでお好みに合わせてチョイスして♪

喝茶吧!

気軽に工夫茶を楽しんで

何 苑樺さん
フー ユエンホア
日本生まれの台湾人で両国の架け橋になろうと、生まれ育った三軒茶屋に茶藝館をオープン

工夫茶を楽しむ絵になる茶藝館♡
台湾茶藝館 桜樺苑
タイワンチャゲイカン インファエン

鮮やかな色彩のインテリアが写真映えする茶藝館。カウンターやテラス席、月窓があるサロン席などいくつもの空間があり、行くたびに新鮮な気持ちで過ごすことができる。すべての来訪客に、一煎目は、店主が工夫茶を入れてくれる。

Map P.114-B2 三軒茶屋

🏠 世田谷区三軒茶屋1-5-9 ☎03-6804-0106
🕐 12:00～18:00(L.O.17:30) 休日・月・火 🚇東急田園都市線三軒茶屋駅南口Aから徒歩7分

1. おすすめの杏仁豆腐495円。客家擂茶を使用した、桜樺苑特製わらび餅550円も人気。茶葉は小さな茶農家から直接仕入れた高山烏龍茶(奈莱山冷香)など 2. スイーツ3種に台湾風軽食3種付きのアフタヌーンティーセットは1540円

台湾茶藝の作法

① 茶壺(急須)や茶杯、茶海や聞香杯など茶器を用意し、それぞれ熱湯で温める

② 茶器を温めるのはより香りを引き出すため。温まった茶壺に、茶葉を3g程度入れる

③ 沸騰した熱湯を茶壺に注ぐ。その際には、茶壺から多少湯があふれてもOK

④ 茶壺をさらに熱くし、茶葉を開かせるため茶器を温めていた湯をかけ40秒ほど蒸らす

⑤ 茶壺に入っている茶水を、最後の1滴までしっかりと茶海に出しきる

⑥ まずは茶水を聞香杯に注ぐ。茶杯に茶水を移して、聞香杯に残る香を楽しんでから飲む

💌「台湾茶藝館 桜樺苑」は、店内すべてがかわいくて、SNS映え間違いなし！(東京都・マリ)

台湾の高級烏龍茶コンテストで受賞歴のある茶農家などから直接買い付けた、約14種類の茶葉を購入できる。ユニークな形がかわいい茶器「EILONG(宜龍)」の国内正規代理店でもある。

本格魯肉飯(→P.57)も大人気♪

台湾茶専門店が営むこだわりカフェ

台湾茶カフェ 狐月庵
タイワンチャカフェ コゲツアン

湯をかけると色が変わる茶玩は必見の茶雑貨

Map P.117-B3 千駄木

🏠 文京区千駄木3-46-1 ザヴィラオン千駄木スクエア1F ☎03-5834-8752 ⏰11:30～17:00(L.O.16:30、工夫茶16:00)、土・日・祝～18:00(L.O.17:30、工夫茶17:00) 🗓休(祝は営業) 🚇地下鉄千駄木駅2番出口から徒歩5分

オリジナルパッケージの茶葉(→P.75)とEILONG社製茶器

台湾STYLE(工夫茶) 1100円～。茶葉クッキー付き

手作り豆花(普通) 715円＋トッピング各110円～

モダン茶藝館＆カフェ♪

高品質な台湾茶を扱うティーショップ

自慢茶軒TOKYO
ジマンチャケントーキョー

製茶師指導のもと、台湾から直輸入した厳選茶を提供している。店内で味わえるほか茶葉はギフトにぴったり。フードも充実しており、職人が作る小籠包は薄皮で絶品！

Map P.119-A4 門前仲町

🏠 江東区牡丹1-2-2 ☎03-5809-8881 ⏰11:00～21:00 🗓火(祝日の場合は翌平日) 🚇地下鉄門前仲町駅4番出口から徒歩5分

植物由来の愛玉ゼリーをイン！

蜂蜜タピオカミルクティー660円。日月潭紅茶に天然のハチミツを使う

1. 特級東方美人茶5500円。すっきりとしたのど越し
2. 紅玉(台茶18号)3980円。日月潭産の高級紅茶
3. 台湾七彩飯糰(タイワンシチサイファントワン) 700円。具だくさんの台湾おにぎり
4. 鶏排(ジーパイ)セット 980円
5. 阿里山金萱茶(台茶12号)2980円はミルクのようなまろやかさ

台湾の茶藝館で修業した店主が営む

Cha Nova 台湾茶飲料専門店
チャノバ
タイワンチャインリョウセンモンテン

中国国家認定評茶員・茶芸師の店主。注文を受けてから作るドリンクのベースは、ジャスミン緑茶、紅茶、青茶、烏龍茶。全商品ホットかアイスを選べ、甘さや氷の量も調整できる。

Map P.120-A2 銀座

🏠 中央区銀座1-5-1 B1F ☎03-6263-2727 ⏰11:00～18:00 🗓月 🚇JR有楽町駅京橋口から徒歩4分

1. ジャスミン緑茶入りの蜂蜜檸檬緑茶605円に、愛玉55円～をプラス
2. おしゃれ空間。台湾菓子(→P.80)も美味

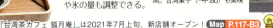

きゅん♪な
出会いが待ってる

今日は爆買い解禁です♡
おいしい＆かわいい
"台湾充"ショッピング

花布や台湾語モチーフのレトロポップな台湾雑貨をはじめ
おうち時間に癒やしをくれる台湾茶をハントして台湾欲を満たそう！
台湾への渡航費を考えたら、爆買いしても罪悪感ナシ☆

台湾リピーターの心もわしづかみ！

東京在住の台湾人クリエイターによる台湾モチーフ雑貨

花布とは
台湾の家庭で昔から使われている布。牡丹は、開業祝いで贈られる縁起のよい花で富の象徴。

伝統の布を使って一つひとつハンドメイド

デザイナー夏さんのアトリエ♪

1. Cat*mini 3960円。耳は絹織物、金襴織使用のミニポーチ 2. gamaguchi*bag 2万900円。台湾製絹織物と花布を使ったバッグ 3. circular*regular 2万4750円 4. race*gamaguchi 2万4750円。シンプルな着こなしのアクセントに 5. Smartphone Design 各6000円 6. アトリエには漁師バッグのリメイク品も

Good Taiwan グッド タイワン

台湾情緒あふれる花布を使って、手作りしている作品が並ぶ。花柄によって印象が変わるため、すべて一点物でオンリーワン。オンラインショップもある。

Map P.114-B1　武蔵小金井

🏠 小金井市本町5-36-16　☎なし　⏰11:00〜20:00　🚫水〜土　🚇JR武蔵小金井駅北口から徒歩10分　URL goodtaiwan.today

 台湾に行ったら花布雑貨は絶対に買います。バラマキにもぴったり！（東京都・りょう）

70

台湾雑貨&ファッションハント

台湾ならではの花布や台湾語モチーフのオリジナル作品、チェン先生の服まで。東京で手に入る、とっておきを厳選！

南國超級市場
ナンゴクチョウキュウイチバ

台湾南部の高雄出身。パワフルで色鮮やかな台湾や南国をイメージし、おもに台湾語を作字（タイポグラフィ）したZINEやオリジナルグッズを製作販売している作字サークル。

URL potofu.me/ssspmk

台湾南部出身クリエイターが手がける台湾語の作字アート

1. 台湾語シール300円。修旦擠例（ちょっと待って）、賀Y（いいよ）、母湯（ダメ）など 2. 作字ハガキセット各300円 3. 鬼打牆2783円。堂々巡りという意味 4. 台湾高雄出身グラス2035円 5. 花と葉と曼荼羅スマホケース2750円 6. 作字ZINE「高雄路名」800円 7. 作字ZINE「SOUTH SUPER MARKET」800円

燕堂
ツバメドウ

花布や台湾語をモチーフにしたオリジナルグッズのほか、台湾やマレーシアなどへ買い付けに行き、実際に現地で使われている生活雑貨や小物を仕入れて販売している。

URL blueswallow.thebase.in
URL suzuri.jp/tsubame_do

台湾人店主が選ぶとっておき

1. 台湾花様シリーズ サーモンタンブラー 3740円 2. 台湾式あいさつベイビービブ 2424円 3. 喵喵喵サコッシュ 2508円

台湾好きグラフィックデザイナーによる
オリジナルグッズに注目！

台湾好き界隈ではおなじみの「keiko在台灣」さん。台湾愛あふれる台湾モチーフのグッズを製作している。かわい過ぎるアイテムをチェックして！

1. 超級市場（スーパーマーケット）3828円 2. ビールで乾杯！のグラス2145円。乎乾啦は台湾語で乾杯 3. 台湾スリッパのジェットキャッツ3828円 4. タイワンツキノワグマのトートバッグ3113円

keiko在台灣

台湾企画プランナー＆グラフィックデザイナー。「美麗（メイリー）！台湾」（→P.25）リーダー。Instagramの中国語学習アカ「KEIKO的中国語学習日記」も人気。

URL keiko-zai-tw.studio.site
URL suzuri.jp/Mocha_and_Jackie

現地で買いつけた 激かわ雑貨

4. 春聯200円。正月飾り 5. 台湾刺繍ビーズ靴3800円。ベロア調の生地に台湾刺繍がすてき 6. 花柄靴下2500円

URL suzuri.jpで「台湾」と検索すると、ユニークな商品がたくさんヒットするのでチェックしてみて！

ヂェン先生の日常着が東京で手に入る幸せ

ゆっくり試着してね

幅広い世代に人気ですよ

ヂェン先生こと鄭惠中さん
台湾新北市にアトリエ兼ショップを構える服飾デザイナー。ノージェンダーで、流行に左右されないシンプルなデザインが魅力的。

天然染料で彩られた通気性のよい色とりどりの美しい服

インスタも見てね〜♪

1. 自分好みの色やサイズを探したい 2. ヂェン先生の服でお出迎え 3. ストール各2970円。薄手の綿麻で軽やか 4. マグカップ1200円〜。「PoMA やすらぎの杜」による素朴な質感と愛嬌たっぷりのマグ 5. グドゥリートート6500円。刺し子を施したグドゥリーと呼ばれるインドの布地をリメイク 6. 優しい風合いが魅力 7. 七分チャイナシャツ1万6500円、ワイドパンツ9900円。ボタンがアクセントのシャツは薄手で使い勝手がよい 8. 長袖ヘンリーシャツ1万3200円、バルーンパンツ1万3200円。おしゃれで着心地抜群

HAO-YIFU ハオイーフ
店主が厳選したとっておきのアイテムが並ぶショップ。通年楽しめるヂェン先生の衣類は、子供用から大人用まで揃い、ゆっくり試着しながら選べる。

Map P.120-C2 自由が丘
世田谷区奥沢2-37-7ロザンマンション103 ☎03-5726-8141 ⏰12:00〜17:00、第2・4土〜19:00 不定休 東急東横線・大井町線自由が丘駅、目黒線奥沢駅から徒歩4分

ここでも買える！

カットソーショートイエロー7700円。アクセントに！

台湾のいいものが揃う
CLASKA クラスカ
ヂェン先生の各種アイテムを各店舗やオンラインショップで取り扱う。台南発の靴ブランド「花見小路hanamikoji」のストラップシューズ9350円も◎。

URL www.claskashop.com

ヂェン先生の服は着心地抜群。軽くて乾きやすいので、旅にもぴったり！（東京都・明子）

中華雑貨の聖地！
不定期で台湾イベントも♪

鮮やかなレトロなシノワ雑貨に目がくぎづけ！

1. 2. ホーロー器やお盆など、現在9割ほどが中国のもの
3. 台湾の小学生が使うキッチュなノート1冊200円
4. 初渡航の上海でレトロ雑貨にひかれ、大手雑貨専門店勤務後、雑貨収集していた清水さんがオンラインから始めた店舗
5. 台湾のマジョリカタイル（長方形）5500円
6. マジョリカタイル（正方形）1万500円～

台湾雑貨&ファッションハント

birkahve ビルカーベ

アンティークに近いものから比較的近年の日用品やレトロ人気で復刻されたものまで、店主清水さんのセンスで、味のある大切に使われたものなどを揃えている。

Map P.114-B1　阿佐ヶ谷
杉並区阿佐谷北2-10-12　050-7130-3269　12:00～18:00
不定休　JR阿佐ヶ谷駅北口から徒歩3分

店番して待ってるよ！

台湾に残るマジョリカタイル

もとはイギリスのヴィクトリアンタイルを模して日本で生産され、日本が台湾を統治していた1900年代に台湾へ持ち込まれた。タイル職人が手作りで仕上げているため、同じデザインでも個性が異なり、家族の幸せと繁栄を願って玄関先や浴室に装飾された。デザインは一つひとつ意味をもち、ザクロは子孫繁栄、モモは不老長寿、ブドウは開運成就など縁起のよい植物やフルーツが使われている。1200度以上の高温で焼き上げるため、100年以上たっても色彩が美しい。現在では職人が減り、希少度の高いタイルとなっている。最近では保存活動も盛んで復刻版も登場している。

台湾嘉義にあるマジョリカタイルの博物館
台湾タイル博物館　タイワンタイルハクブツカン

台湾各地から集められた希少なタイルを展示し、歴史的価値を伝えている。タイルをモチーフにしたグッズも販売しており、Pinkoiで日本語で購入可。

Pinkoi　URL jp.pinkoi.com/store/1920t

1. 台湾タイル風ステッカー"春の訪れ" 8枚入り2610円
2. 台湾タイル"黄色いハイビスカス"1990円
3. 台湾タイル柄スタンプ"永遠の祈り" 4個入り3470円

モダンから老舗まで
香り高い台湾茶をおうちで楽しんじゃお!

都内で手に入る高品質な台湾茶と、台湾から直送される厳選茶葉を紹介!
台湾茶に合うお茶請けや茶葉の種類、飲む以外の楽しみ方もチェックして♪

温めた茶器に適量の茶葉を入れます

熱々の湯を勢いよく注ぎます

クオリティシーズンの
茶葉を厳選!

最後の一滴まで一度茶海に移し茶杯に注ぎます

店内のカウンターでは相談をしながら、好みの茶葉の購入が可能

西施壺 朱100cc5500円。洋ナシに似た形がかわいらしい茶壺

月琴 朱70cc7150円。ペタンコ型の茶壺。底に蓮のレリーフも

小圓珠壺 紫80cc5500円。小さく丸みを帯びた愛らしい茶壺

中国福建省産の工芸茶も!

茶葉と湯を直接入れて飲めるChattleが2200円

神崎さん
店頭でお茶をていねいに入れる所作が美しい。さすがプロ

スタッフは皆精通したプロばかり

梨山高山茶
海抜約2300mで栽培。優しいうま味とさわやかな柑橘系の香り。25g2268円

四季春茶
ブーケのような鮮やかな花香で、コスパもよい烏龍茶。50g1512円

蜜香東方美人
芳醇な果実香と蜜に似た甘味が口中に広がる烏龍茶。25g1728円

遊茶
ユウチャ

1997年創業で現地茶園や茶商と深いつながりをもち、トレーサビリティを有した安心して飲める茶葉が揃う。茶のプロを目指す人の資格講座まで行っている。

 Map P.118-A1 表参道
🏠 渋谷区神宮前5-8-5 ☎03-5464-8088
🕐 12:00〜19:00 ㊡水 (祝日の場合は営業)、年末年始 🚇地下鉄表参道駅A1番出口から徒歩3分

密閉性と遮光性に優れたパック

パックや缶入りリーフティーほか、種類によりティーバッグも!

台湾産や中国大陸産の茶葉など茶缶がズラリ!

74 台湾へ行くたび「王徳傳」で茶葉を買っていたので、都内で買えると助かる! (東京都・有川)

高品質の台湾烏龍茶を楽しむならここ

100g / 30g 梨山ウーロン茶
100g9500円、30g3460円。柔らかな味わい、清らかな花と高山の青果の甘い香り

凍頂ウーロン茶
30g1940円、100g5400円。どっしりとした強さで、果実と淡い甘草の甘い香り

ジャスミンウーロン茶
30g1510円、100g4100円。優しいのど越し、さわやかで清らかなジャスミンの香り

王德傳 日本橋店
ワンダーチュアン ニホンバシテン

1862年に台南で創業した老舗。伝統の技で専任の茶師が茶葉を焙煎し、それぞれの産地の風土の香りや味わいを引き出す。日本店は茶藝師のいるティーサロンも併設。

王德傳の特徴でもある赤い茶缶が並ぶ。ティーサロン

店長おすすめ!德傳スターターセット」7660円(下のプレート含まず)

Map P.117-C3 日本橋
中央区日本橋室町3-2-1 COREDO室町テラス2F ☎03-6262-3995 ⏰10:00～21:00 休館に準じる JR新日本橋駅4番出口、地下鉄三越前駅A10番出口から徒歩1分

オンラインレッスンがスタート!
約2時間30分でZoomを使用し店の茶藝師から講義を受ける。1999円

香り高い台湾茶をおうちで楽しんじゃお!

台湾や中国で買いつけた とっておき!

お試しあれ～
林恵美さん
おいしいお茶を伝えたいと鉄瓶とプーアル茶専門店をオープン

左から東方美人茶5500円、四季春烏龍茶1500円、凍頂烏龍茶2900円(各50g)
発酵度が高く紅茶に近い味わいの高級茶葉から、茶藝経験がなくてもおいしくリーズナブルに楽しめる茶葉までさまざま

銀座・三徳堂
ギンザ・サントクドウ

年代もののプーアル茶や高山茶、鉄瓶、茶器などの茶道具を販売。10g単位で購入可能な台湾産烏龍茶は10種類以上!2階では茶藝教室を行う。

台中朱泥の紫砂壺 7800円～

聞香杯と茶杯1800円～。縁起のよい牡丹柄

白磁の蓋碗2200円。カップとしても使える

Map P.120-B1 銀座
中央区銀座7-8-19 ☎03-3289-3131 ⏰11:00～20:00 休水 地下鉄銀座駅A1・B3番出口ほかから徒歩3分

台湾茶カフェ 狐月庵
タイワンチャカフェ コゲツアン

台湾四大銘茶の東方美人茶、木柵鉄観音茶、文山包種茶、凍頂烏龍茶はじめ、14種類もの台湾茶を販売している。いち押しは、烏龍茶の品評会で上位入賞した茶農家から仕入れる鹿谷郷凍頂烏龍茶。

DATAは → P.67

全14種類の茶葉を扱う

台湾茶カフェ

左から桂花烏龍茶20g1800円、金萱茶(5袋)1080円、鹿谷郷凍頂烏龍茶(5袋)1440円

お試しセット1500円。全14種類。オンラインショップもあり!

「遊茶」では、月ごとに1テーマ1時間完結のレッスンを開催。興味がある回だけの参加もできる。

台湾から日本で取り寄せできる aruco 激推し 茶葉店

シングルオリジンにこだわる 茶葉専門店

パッケージもかわいい♥

洗練された茶筒は、蒔絵師が手作業で塗り上げている

奶萱紅茶
缶入り50g2800円。ミルキーでまろやかな甘味。入れ方の説明書付き

琅茶Wolf Tea
ランチャーウルフ ティー

ティーマスターの父親から受け継いだ選茶の技術で、台湾各地の良質な茶畑から、最もおいしい時期に茶葉を仕入れている。Pinkoiでも購入可能。

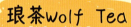
wolftea.com/ja

アーウェン
阿玫さん
茶葉の名産地・阿里山出身。茶筒など自身でデザイン

おうち時間に台湾茶を

琅茶オリジナル急須（吉組）1万200円

琅茶オリジナル蓋碗6000円。茶葉とのギフトセットもおすすめ

上：ティーバッグセット（奶萱紅茶、薄荷紅玉、桂香包種、小焙青茶）1700円 右：炭焙凍頂50g2100円。ココアのような甘味

添加物なしの有機茶葉を 扱う老舗

沁園
チンユエン

1985年創業。毎年農薬検査をし、安心安全な茶葉しか扱っていない。凍頂烏龍茶のほか日月潭紅茶もおすすめ。你好我好（→P.94）でも購入可能。

www.sinyuan.com.tw
nihaowohaostore.com

極品凍頂烏龍茶
100g355元（約1400円）。花のようなさわやかさ

茶梅も絶品！

厳選茶葉揃いです

廖乃慧さん
台北永康街にて夫婦で迎えてくれる。日本語対応可能

茶うめ300g270元（約1000円）。お茶請けに

台湾茶と合わせたいお茶請け6選

花生酥
ファーシェンスー
ピーナッツと糖を固めた菓子。台湾澎湖島名産

茶梅
チャーメイ
凍頂烏龍茶葉と麦芽糖で漬けたまろやかな梅

水果乾
シュイグオガン
台湾フルーツから作られるドライフルーツ

鳳梨酥
フォンリンスー
パイナップルあんをクッキー生地で包んだもの

緑豆糕
リュウドウガオ
緑豆で作られる落雁のような食感の伝統菓子

牛軋餅
ニュガービン
甘いヌガーを塩味のあるクラッカーでサンド

「琅茶Wolf Tea」の茶葉は、パッケージがかわいいので大切な人へのギフトにもおすすめです。（東京都・金子）

もっと台湾茶を楽しむための豆知識

飲むだけじゃない！

代表的な台湾茶8選

凍頂烏龍茶
ドンディンウーロンチャー
台湾を代表する茶葉として世界的に人気。甘味のある余韻が特徴。発酵度数20〜30%

東方美人茶
ドンファンメイレンチャー
極上茶。昆虫のウンカが若芽をかむことでハチミツのような香りに。発酵度数50〜70%

高山茶
ガオシャンチャー
阿里山や玉山、雪山など海抜1000〜1500mの高山で栽培される高級茶。発酵度数10〜15%

金萱茶
ジンシュエンチャー
台湾で開発された茶葉。ミルクのような独特な甘味ながら、あと味さわやか。発酵度数20〜30%

文山包種茶
ウェンシャンバオヂョンチャー
緑茶に近い味わいで、すがすがしい。飲んだあとも花のような香りが残る。発酵度数15%

碧螺春茶
ビールオチュンチャー
渋みの少ない緑茶で、豆のような濃厚で芳醇な香り。台北三峡産が有名。発酵度数0%

鉄観音茶
ティエグアンインチャー
深く芳醇な味わいにしてまろやか。台湾では台北市木柵と石門などで栽培。発酵度数40%

日月潭紅茶
リーユエタンホンチャー
ミントやシナモンのような甘味と香り。台湾南投にある日月潭産。発酵度数100%

台湾茶の楽しみ方

1 料理やスイーツを作る
文山包種茶は天ぷら、凍頂烏龍茶は茶葉蛋（→P.30）や鶏肉と煮込んだり、料理にも使える。蜜の香りの東方美人茶はシフォンケーキに！

2 アロマ&消臭剤にする
茶がらは捨てずに、よく乾かして。アロマポットで温めると部屋がよい香りに。お茶パックに入れて靴箱や冷蔵庫におくと、消臭剤にも！

3 お風呂に入れる
茶がらは入浴剤としてもおすすめ。お茶のよい香りはリラックス効果があり、お肌もツルツルになって一石二鳥！

香り高い台湾茶をおうちで楽しんじゃお！

台湾はコーヒーの産地としても有名なんです！

1年を通して温暖な気候が続く台湾では、日本統治時代に天皇へ献上するために本格的な生産が始まった。まろやかでフルーティな香りが特徴。産地は雲林県古坑、嘉義県阿里山、花蓮県泥巴、台東東山が有名。

左：Washed Beans 50g1600円　上：Drip Bag6& glass 4280円。オリジナルのテイスティンググラス付き。ギフトにも

日本語OK！産地直送のコーヒー豆
Melo Coffee メロ コーヒー
阿里山のコーヒー農園で作られた希少なシングルオリジンコーヒーを販売している。古くから伝わる茶葉の製法を生かして作られるフルーティな味わいが特徴。
URL melocoffee.net

東京で台湾コーヒーが飲める店
自然農法で栽培されたコーヒーが飲めるカフェ。台湾の品評会で大賞を受賞した台南東山産のほか、先住民族が作るダークチョコレートのような高雄卓武山産コーヒーを扱う。

MEILI メイリー

1. 茶杯で飲むスタイル。マグカップより口当たりがよい
2. 台南、高雄、嘉義、雲林など厳選した農園で栽培された常時5種類以上のコーヒー豆が並んでいる

DATAは→P.24

「Melo Coffee」は、生豆の状態で日本に空輸。スペシャルティコーヒー専門の焙煎所で焙煎されたものが届けられる！　77

aruco調査隊が行く!! ③ 台湾を代表する伝統スイーツ パイナップルケーキを食べ比べ♪

台湾みやげの定番・サクサク生地と甘酸っぱいあんがおいしいパイナップルケーキ（鳳梨酥／フォンリンスー）。
現地の超有名店から東京生まれの注目ものまで、おうちで楽しんじゃお♪

TOKYO

from 東京

東京の茶藝館やパン屋で独自に開発、手作りされたパイナップルケーキを厳選！

＼茶葉が入った話題のケーキ／

- 茶葉そのままの美しい緑
- 台湾高山茶。最高級の台湾烏龍茶が生地に練り込まれている
- 普洱茶。ちょっとほろ苦い味わい
- 日月潭紅茶。芳醇な香りが特徴！

arucoレポート
無添加茶葉の上品な味と香りがダイレクトに口に広がる（ライター0）

DATAは→P.107

台湾席茶 蓮月庭
タイワンセキチャ レンゲツテイ

パイナップルケーキ各360円は、パイナップルだけをじっくり煮詰めた自然な甘さのあんと、発酵バターを使用した風味のよい生地がベストマッチ！ヴィーガン対応もある。

＼人気台湾茶カフェの絶品！／

arucoレポート
甘さ控えめの生地がパイナップルあんの風味を引き立てる（ライター Y）

3個1100円。店内で味わう場合は、台湾茶とのセット1100円

台湾カフェ 月和茶
タイワンカフェ ユエフウチャ

店主が研究を重ねて作り上げたお店のいち押しで、パイナップルあんからすべて無添加の手作り。バター風味のしっとりとした生地と繊維が残る甘酸っぱいあんの調和がお見事。

DATAは→P.102

＼出会えたらラッキーの激レアケーキ／

パイナップルケーキ220円。不定期販売で、数量限定。1組3個まで可

販売日はSNSで告知！

arucoレポート
ほどよいサイズ感で甘さが絶妙。まさに幻の絶品ケーキ！（編集N）

DATAは→P.26

阿美パン
アメイパン

元パティシエの店主による手作り。あんは、40kgのパインを10kgになるまで煮込み、水飴を少し混ぜて甘さを調整している。生地は、薄手のためバターの風味をより感じる。

パイナップルケーキとは？

パイナップルを潰して加工したあんを小麦粉と砂糖、バター、卵黄を練った生地のなかに詰めて、焼き上げたスイーツ。冬瓜を混ぜたものもある。台湾の温暖な気候はパイナップルの生産に適しており、日本統治時代には世界3大産地のひとつに。大量の原材料を生かして輸出用缶詰として使われたあとは国内消費用となり、パイナップルケーキが作られるように。1950年前後に台中の菓子店が売り始めたのが起源といわれているが、はっきりしていない。パイナップルケーキは、縁起ものとして贈られることも（→P.35）。

愛され続ける伝統菓子♡

「阿美パン」は今まで出会ったパイナップルケーキのなかでダントツ1位でした！（東京都・ミーナ）

TAIWAN from 台湾

台湾発のパイナップルケーキ。現地から取り寄せるものから都内で手に入るものまで！

arucoレポート
生地はしっとり系。パインと冬瓜入りでバランス絶妙！（編集N）

パイナップルケーキ 9個入り 2699元〜。高雄から発送

arucoレポート
地元っ子が太鼓判を押す店。大切な人への手みやげにも◎（編集O）

arucoレポート
紅茶の香りが鼻から抜ける。ここの焼き菓子はどれも美味（編集O）

ティーバッグの詰め合わせも一緒に。ティーバッグ6個セット 4230円

素朴なあんがおいしい

上品な風味がやみつき

パイナップルケーキを食べ比べ♪

数々の賞を受賞する人気店
佳徳糕餅
ジャドゥーガオビン

1975年創業。パイナップルコンテストで初代グランプリに輝いた。台北では1日2万個以上を売り上げる。パイナップルケーキ12個入り（2箱から注文可能）2400円〜。台北から発送。

ここで買う **KKday**
URL www.kkday.com/ja/product/39760

食材にこだわる高級ケーキ
舊振南餅店
ジョウジェンナンビンディエン

1890年創業の伝統菓子店。パイナップルケーキの生地には粉チーズが使われていて味わい深い。減油、低糖、防腐剤無添加にこだわり、すべて手作り。パッケージはクラシカルで高級感漂う。

ここで買う **KKday**
URL www.kkday.com/ja/product/101113

自然栽培の茶葉専門店
小茶栽堂 zenique
シャオチャーザイタン

台湾南投県産の茶葉をメインに扱い、無農薬・無化学肥料にこだわる。紅茶パイナップルケーキギフトボックス 2500円は、彰化県産パインを使い、生地には紅茶茶葉を練り込んでいる。

ここで買う **pinkoi**
URL jp.pinkoi.com/store/zenique

台湾金賞パイナップルケーキ 6個入り 1944元

arucoレポート
伝統的な製造方法。あんには冬瓜が少し入り、クセがない（編集N）

パイナップルケーキ プレーン 39元（約150円）

arucoレポート
あんには冬瓜が入り、酸味は控えめ。クルミ入りもおすすめ！（編集O）

素朴な味わい

パイナップルケーキ 9個入り 720元（約2800円）

arucoレポート
ザクザク好きの人必食！モチモチのギモーブとの相性抜群（編集O）

幅広い世代に人気の菓子店
郭元益
グォユェンイー

1867年創業。パイナップルケーキ・フェスティバルで金賞をとったことがある中華菓子店。あんは、台湾産のパイナップルを使用している。オンラインショップもあるのでチェックして。

ここで買う **郭元益**
URL www.rakuten.co.jp/kuoyuanye/

一度食べたらトリコに♡
手天品
ショウティエンピン

天然素材の焼き菓子やパンを扱う店。アーラーフーズのバターや無添加の小麦粉、放し飼いで育った卵など、食材にこだわる。Instagramのダイレクトメッセージから期間限定で日本語注文可。

ここで買う **手天品**
URL www.instagram.com/shoutianpin/

進化系パイナップルケーキ！
la vie bonbon
ラビエ ボンボン

台北の人気スイーツ店が開発した新食感のケーキ。チーズを練り込んだ生地に、パイナップル果肉と果汁が入ったマシュマロ食感のギモーブをサンド！販売停止中。コロナの状況次第で再販予定。

ここで買う **你好我好**
URL nihaowohaostore.com

パイナップルケーキの概念を変えた専門店

台湾原種のパイナップルを使ったパイナップルケーキ。果実の酸味を生かした、ねっとりと濃厚なフィリングが特徴。生地は、ニュージーランド産のバターと、こだわりの小麦粉を使用。お店ではケーキとお茶のおもてなしが受けられる。

サニーヒルズ南青山店
サニーヒルズみなみあおやまてん

Map P.118-A2 青山

港区南青山3-10-20 ☎03-3408-7778 ⊙11:00〜19:00 無休 地下鉄表参道駅A4出口から徒歩7分

季節によって酸味が変わる

パイナップルケーキは、オーブントースターで少しあぶると、よりおいしくなる！

花生酥

口のなかでほっこりと崩れるおいしい食感♡

本格台湾菓子をネットでお取り寄せ！

東京豆漿生活オンラインストア
トウキョウトウジャンセイカツオンラインストア

東京豆花工房（→P.63）と東京豆漿生活（→P.48）が運営する台湾菓子の専用オンラインストア。日台の職人が、開発から製造まで行っている。発売後すぐ完売となるため、こまめにチェックして！

URL store.tokyomamehana.com

手工花生酥
ピーナッツ、糖、塩だけで作った伝統菓子。
12個入り1620円

起司肉鬆餅乾＆香葱肉鬆餅乾セット
自家製の肉鬆（肉でんぶ）と濃厚チーズ、青ネギのセット1080円

花生酥＆肉鬆餅乾
台湾で愛され続けるピーナッツと肉でんぶの台湾風味の菓子

人と差がつく♪
台湾スイーツ
をおもたせに

緑豆冰糕
緑豆のアイスケーキ。滑らかな食感と、豆のコクが◎ 4個入り1250円

杏仁酥
アーモンドの香ばしさとサクッとした食感がおいしい素朴系クッキー

桃酥
クルミの歯ごたえが小気味よい、シンプルで味わい深い人気クッキー

中華菓子
食材はシンプルに、食感と風味にこだわる昔ながらの伝統菓子

本格的な台湾菓子ならここで♪

Cha Nova
台湾茶飲料専門店
チャノバ タイワンチャインリョウセンモンテン

オーナーがていねいに作り上げるドリンクや台湾菓子を提供する台湾茶カフェ。パイナップル果実をじっくりソテーしたパイナップルケーキハーフサイズ1800円もおすすめ！

→P.67

一つひとつ手作りの台湾菓子を手みやげに♪

桃酥
杏仁酥
菊花酥

花生糖（プレーン）
生の落花生をゆっくりローストし、水あめで固めたもの。
10個入り1250円

菊花酥
こしあんを包んだ中華パイ。昔ながらの製法をベースに焼き上げている

中華焼菓子3種計6枚セット1500円、計12枚セット2500円。お茶やミルクティーとの相性抜群

「東京豆漿生活オンラインストア」のお菓子、おいしいので常に販売してほしい〜！切実。（埼玉県・ミサオ）

台湾らしい馬告や茶葉のほか桜エビ入り(!)も

台湾チョコレート

台湾屏東県産のカカオを使った台湾メイドの絶品チョコレート

巧克力

えりすぐりのBean to bar専門店
FUWAN CHOCOLATE
フーワンチョコレート

チョコレートの世界大会で数々の金賞を受賞している、屏東県発のBean to bar専門店。オーナーのウォーレン・シーさんはチョコレート鑑定士。地元のカカオを発酵から手がけ作り上げている。

URL www.fuwanshop.com

↘ここで買う！↙

世界中から厳選した板チョコ♡
CACAO STORE
カカオストア

チョコレート専門店「テオブロマ」が運営する。オリジナルのBean to barや海外から買い付けたチョコが並ぶ。

Map P.118-A1 代々木公園

🏠渋谷区富ヶ谷1-6-8 ☎03-3460-1726
🕙10:00～20:00、金・土・祝前日～21:00
🚫無休 🚇地下鉄代々木公園駅1番出口から徒歩1分

馬告
ダークチョコにレモングラスのような風味の山胡椒をプラス1728円

鉄観音茶
ダークチョコに台湾鉄観音茶をブレンド。月桂樹のような風味1944円

こだわりが詰まった本格的な台湾お菓子をarucoで選びました。友人宅への手みやげやプチギフトに激推し！

櫻花蝦／サクラエビ
屏東県東港産のサクラエビとアーモンド入りホワイトチョコ1620円

カカオ農家に自ら足を運んで選定
TOMOESAVEUR
トモエサヴール

チョコレートソムリエ・さつたにかなこさんの通販サイト。サイト内のチョコレート解説やカカオレシピも必読！

URL tomoesaveur.thebase.in

台湾スイーツをおもたせに

かわいいパッケージはプチギフトにぴったり！5個入り1500円、10個入り3000円

厳選素材で作られた絶品ケーキ
サニーヒルズ南青山店
サニーヒルズみなみあおやまてん

台湾発のパイナップルケーキ専門店。りんごケーキは、さわやかな酸味と甘みがおいしい青森県産紅玉リンゴが入っている。パイナップルケーキや台湾産茶葉とのセット販売も！

➡P.79

りんごフィリングは、リンゴを低温でじっくり煮詰めて作られている。無添加・無香料で安心

甘酸っぱくて、みずみずしいフィリングの味

蘋果酥

りんごケーキ
サクサク香ばしい生地のなかに、りんごフィリングがぎっしり入る！

こちらで紹介した商品は、すべてお店のオンラインショップで取り寄せできるので、チェックしてみて！

TEA & FOOD

煎じる手間なく気軽においしく楽しめるサプリやドリンク、フード。ギフトにもぴったり♪

Eat Beau-TEA
～ My Favorite Things ～ 2600円
漢方薬剤師監修のもと、ナツメ、リュウガン、黒豆をブレンドした薬膳茶。お茶にしたあとも食べられる

肌にツヤが欲しいときに♪

Awake
Reishi & Rhodiola Drink 4760円
健康維持に役立つ成分が豊富なキノコ・霊芝と紅景天が配合されたドリンク

Asian Super Powder
～ Pre Party Tint ～ 2030円
滋養強壮をサポートする玉竹や高麗人参などをブレンドしたそのまま飲めるスーパーパウダー。レモン味

CoCoAnnin Beau-TEA 3100円
杏仁茶をオリジナルアレンジ。砂糖不使用だが濃厚な杏仁とココアの香りで甘みを感じるので満足感あり

Jujube 810円
(写真左) 乾燥ナツメ。美容と健康を助けるスーパーフード。残留農薬検査済みのみ扱う

Haw Stick 810円
(写真右) 山査子の実と少量の砂糖で練り上げたヘルシーなおやつ

COSMETIC

漢方をたっぷり配合したコスメで素肌力UP！おしゃれなパッケージに気分も上がる♪

Bai Shao After Mask Cream 4800円
美容マスクあとのバッククリーム。芍薬成分配合で、しっかり肌にフタをしてくれる。翌朝のモチ肌に感激！

FO-SHOU-GAN BOOSTER OIL 1650円
佛手柑のブースターオイル。柑橘系のさわやかな香り。化粧水や美容マスク前に染み込ませて使う

モチモチで輝く肌を目指す

Ginseng & Goji Berry Facial Mask 730円
ニンジンとクコの実の成分を抽出したフェイスマスク。アジア女性の肌に合わせて作られている

コレもゲット♡

からだのなかから美活！
いつものルーティンに漢方を取り入れる

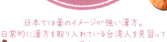

日本では薬のイメージが強い漢方。日常的に漢方を取り入れている台湾人を見習ってヘルシーでおいしい漢方ライフを始めよう♪

DAYLILY
オリジナル刺繡入りチャイナシューズ
各7480円
手作りのチャイナシューズ。ユリの刺繡がかわいい

DAYLILY
漢方養生トートバッグno.02
3080円
台湾の風景をプリントしたオリジナルのトートバッグ

台湾発！ヘルシーな漢方ライフを提案♡

DAYLILY 誠品生活日本橋店
デイリリー セイヒンセイカツニホンバシテン

アジア女性の体質に合わせた漢方のライフスタイルブランド。お客さんを含めDAYLILYに関わるすべての人のことを「sister」と呼び、一緒にブランドを作り上げていくスタイル

Map P.117-C3
日本橋
🏠中央区日本橋室町3-2-1 COREDO室町テラス2F ☎03-6265-1816 ⏰10:00〜21:00 ※館に準じる 🚇JR新日本橋駅2番出口、地下鉄三越前駅A8出口から徒歩1分

DAYLILYのブランドヒストリー

大学院時代に知り合ったふたり。「台湾の漢方薬局みたいに、店主とお客さんがフラットな関係性を築き、女性たちの"よりどころ"になれるような漢方を届けたい」と一念発起。クラウドファンディングを経て、2018年春に、漢方薬局のなかに旗艦店をオープン。2019年秋に日本進出を果たし、現在は台湾に1店舗、日本に5店舗を展開する。

こばやしもえ
小林百絵さん
北海道出身。大学院を修了後、広告代理店へ。DAYLILY立ち上げのため退社し起業。「女性のQuality Of lifeを爆上げしたい！」

ワン イーティン
王 怡婷さん
台北市出身。実家が漢方薬局であることから、幼少期から漢方は身近な存在だった。「女性たちの体温と気を上げていきたい！」

自然素材や
伝統の技が光る！

台湾の知恵が詰まった コスメ＆マッサージで 美を磨いちゃお！

じわじわブーム到来中の台湾ナチュラルコスメで日々のケアをしたら、
足裏をゴリゴリもみほぐしてリフレッシュ♡
美と健康にうれしい太極拳で体を整えて、ヘルシーに暮らそう♪

素肌力をぐぐっと上げる
台湾発の優秀コスメ♡

日本にもファンが多い台湾発の医療コスメやオーガニック化粧品。環境に優しいボトルやかわいい色味で簡単に剥がせるネイルも登場。目的別に使って素肌美人を目指そう♪

大人気!
阿原 の人気アイテムをチャート化!

天然素材の栄養をたっぷり
阿原 ユアン

台湾で愛され続けるスキンケアブランド。自社農場で育てた無農薬の植物を使い、自然の力で肌本来の機能を取り戻す!

Map P.117-C3　日本橋
🏠 中央区日本橋室町3-2-1 COREDO室町テラス2F ☎03-3527-9565 🕐10:00〜21:00
準じる 🚇地下鉄三越前駅6番出口から直結、JR新日本橋駅2番出口から直結

なりたい肌に近づく♪

ハトムギ緑豆くし形ソープ
毛穴の汚れを落とし、きめ細かい肌へ。ふわりと香るシナモン♡1595円

スペシャルケア

エッセンスオイル(バランス)50ml
保湿力が高い4つの美容オイルを配合。魅惑的なジャスミンの香り。4950円

四神ソープ
天然穀類のデンプンで荒れた乾燥を防ぎ、弾力を与えてくれる。1540円

究極水面膜マスクパック-緊緻
保湿成分たっぷり!ハリと弾力を与えてくれる極上ケア。4枚入り5280円

透明度

艾草ソープ
看板のソープ。洗浄力に優れたヨモギ。体臭が気になる人にもおすすめ。1650円

保湿

苦茶ソープ
高濃度ビタミンCとポリフェノール配合。明るくハリのある肌に。1760円

紫草洛神ソープ
保湿成分アラントイン配合。潤いつつ汚れや古い角質を取る。1430円

レモンリップ
古い角質を除去し、唇に明るさを与える。口紅の下地にもおすすめ。2420円

デイリーケア

台湾からのお取り寄せ!

ここで買う!
Pinkoi ピンコイ

台湾発のグローバル通信サイト。台湾雑貨(→P.92)はもちろん、肌ケアにこだわる台湾女性が愛用するコスメがたくさん。植物成分を使って作られた「23.5°N」も◎。

URL jp.pinkoi.com

1.「金玉満堂」蓮の香り 2.「福来旺来」ティアレ・タヒチの香り。各2200円

Perfume Tiles パフュームタイル
マジョリカタイルをモチーフにした練り香水。金運によい金魚や、「福を招き入れ、延々と続きますように」という意味がある果物柄など。お守りのように持ち歩こう♡

Lilla Fé リラフェ
目の周りの乾燥やネイルオイルとしても使えるリップバームをはじめ、練り香水やオイルバームなど。香りは無香料からほのかに優しいローズやイチゴなど。

1. リップバーム 各1670円 2. エッセンシャルオイルバーム 各2110円。さわやかでフルーティな柑橘系の香り。

 「Lilla Fé」のリップバームを愛用中。伸びがよいし、しっかり潤ってくれる。そして何より香りが好き！（神奈川・キコ）

地球に優しいヘアケアブランド

O'right
オーライト

天然成分を配合し、豊かな泡でデリケートな肌にも使いやすい商品を開発するブランド。誠品生活日本橋の「expo」でも、高リピーター率を誇る。

URL: o'right.jp

グリーンティ シャンプー 400ml
天然由来緑茶エキスがダメージを防ぎ、頭皮に活力を与えるシャンプー
4180円

ゴールデンローズ カラーケア シャンプー 400ml
ローズエッセンスオイルが髪に栄養を与え、シルクのようななめらかな髪に
4180円

ゴールデンローズ カラーケア コンディショナー 250ml
日焼けのダメージや色あせを軽減し、カラーリング後も艶のある髪を保つ
3630円

台湾ドクターズコスメの先駆け

DR.WU
ドクターウー

台湾を代表する皮膚科医・呉英俊（Dr.Wu）が40年以上の経験をもとに、敏感肌用や低刺激処方な製品を開発。安心して使える高品質スキンケアブランド。

URL: drwu.jp

カプセルマスク ABCセット
保湿特化のA、肌荒れ予防にB、肌のトーンアップにC。気分に合わせて選べる
4400円（各1650円）

マンデリックリニューアル 18%セラム 15ml
毛穴の黒ずみや肌荒れなど毛穴トラブルのためのスペシャルケア
3850円

サンスクリーン＋モイスト（色付き） 35ml
保湿成分ヒアルロン酸や数種類のセラミドを贅沢に配合した日焼け止め
3850円

ヒアルコンプレクス モイスト エッセンストナー 150ml
植物由来のオイルをたっぷり配合した、とろとろ質感の保湿化粧水
3850円

台湾発の優秀コスメ♡

雪真珠 コンディショニングマスク
極地環境で育った希少植物成分を配合し、肌を角質層レベルで健やかに。5枚入り
1386円

白真珠マスク
アミノ酸豊富なパールや美容成分を配合。角質を優しくケアし潤す。8枚入り
1188円

復活草 ハイドレーションマスク
驚異的な生命力をもつ復活草。バリア機能をサポート。5枚入り
1188円

大豆発酵マスク
タンパク質たっぷりのポリグルタミン酸はふっくらプルンとした肌へ。8枚入り
1386円

黒真珠マスク
2種類のパール成分を配合。滑らかな透潤美肌へ。8枚入り
1386円

肌に合わせて選ぶ美容パック

我的美麗日記
私のきれい日記

台湾で圧倒的支持を得る美容パック。デイリーからスペシャルケアまで、肌の悩みに合わせてえらべるラインアップ。ドラッグストアでも購入できる。

URL: mybeautydiary-jp.com

レトロポップスタイル
ネイルデザイン例

シンプルスタイル
1. ベースに「星のかけら」を塗って水玉模様をプラス 2.「タイガーリリー」と「運命の網」のバイカラーで華やかに

はがすだけ！簡単オフネイル

JNFネイル
ジェーヌエフネイル

ジェルネイル級の高発色ネイル。リムーバー不要、はがすだけでオフできる。速乾、塗りやすさも抜群。かわいいネーミングにも注目してみて！

URL: pos-tec.jp/jnf-nail/

どの色もかわいい♡

1980円

グレイズドフレグランスネイル
1. タイガーリリー。優しい色合いのオレンジピンク 2. 風と共に去りぬ。落ち着いた色なので職場にも 3. 神々の黄昏。肌なじみがよいくすみイエロー 4. 世界樹。人と差を付けたい個性派に

「阿原」や「DR.WU」は、台湾のお正月（春節）など台湾の祝日に合わせてセールをすることがあるので要チェック！

リピ確定！本格足裏マッサージで痛気持ちいい〜体験！

台湾旅行でハズせない足裏マッサージ、実は台湾発祥の健康療法なんです！「第2の心臓」と呼ばれる足裏から健康になっちゃおう♪

ほどよい温度の足湯で足の冷えも解消♪

この痛気持ちよさ、やみつき！

おすすめメニュー
- 足裏60分…5500円
- 足裏30分+全身30分…5500円
- 漢方オイル60分…9900円

痛い部分で体の不調をチェック！

左足

副鼻腔の右半分／脳下垂体／左三叉神経／鼻／大脳の右半球／脳幹・小脳／頸椎／右目／頸部（首）／右耳／左横隔膜の左半分（左角）／左肺・気管支／甲状腺／副甲状腺／心臓／左副腎／脾臓／左腎臓／胃／腹腔（消化器）神経叢／膵臓／横行結腸／十二指腸／下行結腸／左縦隆突／小腸／膀胱／直腸／肛門／左生殖腺（卵巣・睾丸）

台湾的サービス

1 足裏マッサージ前に足湯＆肩もみ

3 本場顔負けの技術力

1. 香りのよい足湯に浸かりながらのマッサージはリラックス効果大
2. 施術前も施術中も台湾茶のサービスが♡
3. 絶妙な力加減は熟練のなせる技。リピーター続出！

2 マッサージ前後は台湾茶でほっこり

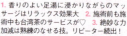

足が軽くなりますよ！

スゴ腕スタッフが揃う大型サロン
舒爽館
スーソーカン

熟練セラピストによる本場台湾式の足裏マッサージで、全身の疲れ・むくみがスッキリ。帰宅の足取りが軽く感じるはず。ツボ刺激の強弱は、リクエスト通りにしてもらえるし、スタッフが常時15人ほど在籍しているので待ち時間がないのもうれしい。

Map P.116-C1 東新宿

🏠新宿区大久保1-1-3 ☎03-3200-6533 🕐13:00〜翌5:00 ❌不定休 🚇地下鉄東新宿駅A4番出口から徒歩1分、JR新宿駅東口から徒歩10分

「舒爽館」は営業時間も台湾式で、なんと明け方まで営業しているので夕食や遊んだあとに寄ることができる！（東京都・ミカ）

足裏マッサージの心得

- 予約前にクチコミ（衛生面やスタッフの対応など）チェック！
- 血液循環がよくなるので、食後、飲酒後、妊娠中などは避けよう
- 痛みが強いときは、がまんせずに伝えよう
- 人気の先生は、指名予約が望ましい
- 施術後は水分補給（白湯2杯がベター）を！

足裏から体の血液を促進させる♡

右足

脳下垂体／大脳の左半分／鼻／頸椎／頸部(首)／左三叉神経／脳幹・小脳／左目／左耳／副甲状腺／甲状腺／右側頭筋(首の右半分・右肩)／右肺・気管支／右副腎／肝臓／胃／右腎臓／胆嚢／膵臓／十二指腸／腹腔(消化器)神経叢／横行結腸／上行結腸／右輸尿管／小腸／膀胱／回盲弁／盲腸・虫垂／右生殖腺(卵巣・睾丸)

おすすめメニュー

台湾式足つぼ健康法…25分／3850円 台湾養生コース（足つぼ&薬石整体）…50分／7480円

女性スタッフが対応してくれるので安心

薬石整体は、温めたラジウム石で全身のツボを刺激してほぐす、日本では唯一のストーンボディケア

足ツボ×美容療法で血液を巡らせる♪

Foot Therapy コレド日本橋店

フット テラピー コレドニホンバシテン

台湾式の足裏マッサージと、アジア諸国の美容療法を行うサロン。頭から足先まで、悩みに応じてメニューを選べる。台湾を代表するマッサージ師・林天扶先生の日本のパートナーサロン。

Map P.119-C3　日本橋

🏠 中央区日本橋1-4-1 コレド日本橋3F　☎03-3278-0033　⏰11:00～21:00、土・日・祝～20:00　無休　🚇地下鉄日本橋駅直結

漢方薬剤師が調合した生薬で足裏を温めてからスタート♪

リピ確定！本格足裏マッサージ

足の疲れとむくみが取れます！

足裏60分コースは両足の反射区すべてを刺激して内臓機能もアップ

おすすめメニュー

足裏・ボディ各30分～60分／4500円 生姜配合パック+足裏リフレクソロジー+つるつる角質ケア…65分／3980円

ていねいな施術でコリやむくみを解消
銀座足庵 銀座店

ギンザアシアン ギンザテン

アジアンリゾート風の店内で受ける施術は、足がとにかく軽くなると評判！生姜パックでふくらはぎを温める、生姜温熱法を取り入れたコースが人気。マッサージで使う漢方アロマは、薬草とアロマをブレンドし、体の巡りを整えてくれる。

Map P.120-B2　銀座

🏠 中央区銀座4-11-3 ウインド銀座ビル4F　☎03-3543-5166　⏰11:00～23:00
🗓1/1・1/2　🚇地下鉄東銀座駅A3番出口から徒歩2分

台湾式角質取りにトライ！

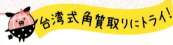

ポロポロと気持ちイイ～

リピーター多数の人気店！
満足
マンゾク

1. 角質取り60分6500円 2. 茶足浴+足裏ふくらはぎ+全身もみほぐし100分6980円 3. 清潔感のある店内

台湾のマッサージ店で経験を積んだプロが、足裏の硬い角質をていねいに取り除いてくれる。角質取り用の専用機器は、台湾から取り寄せたもの。施術後はツルツル&スベスベの足裏に♪

Map P.120-A2　銀座

🏠 中央区八重洲2-11-7 一新ビル3F　☎03-3527-9187　⏰11:00～23:00、土・日・祝～22:00　火・年末年始　🚇JR有楽町駅京橋口から徒歩5分

現在の足裏マッサージは、1970年代にスイス人の宣教師ジョセフ神父が、台湾で広めたリフレクソロジーが起源とされる。

全人類が取り入れるべき！
太極拳でヘルシーな体を手に入れる

1. まずは気軽に見学や体験を 2. すべての型は護身術になる 3. 休憩時間はリラックス 4. 清潔感のある広々とした道場

「太極拳？ああ、おじいさんの……」と思った人は一度お試しを。美と健康が両方手に入る一石二鳥の武術なのです♡

太極拳の、美と健康のひみつ！

ゆっくりと全身の筋肉を動かし続ける太極拳は、血行をよくし深い呼吸になるとされている。新陳代謝が活性化し、老廃物を出してくれるため、ダイエットや美肌作りに◎。全身にあるツボと経絡を適度に刺激するため、肩こりや腰痛、ストレス解消、集中力アップにもつながる。ハードな動きが少ないので習慣化しやすい、いいとこ尽くしの伝統武術！

レッスン内容＆データ

基本的な14の型を繰り返し練習する「初心者クラス」をはじめ、護身術まで学べる「武術クラス」や「健康クラス」から選べる。
必要な道具：運動しやすい服装＆室内履き クラスの例：初心者クラス ❹月18:20～19:40、火19:50～21:10、水19:00～20:20、金10:20～11:50、土10:20～11:40、日9:00～10:10・10:20～11:40 ❹3ヶ月25000円（別途入会金6000円、年会費6000円）

ノマブンソウ 野馬分鬃
馬がたてがみを分けて走る様を表わした動き。体の重心を左右に移動させる。特に太もも、膝、二の腕に効く。

ロウシツヨウホ 摟膝拗歩
片足で安定して立ち、上半身がふらつかないようバランスを保つ。基本的な型であり「初心者クラス」で習得できる

ケイイトウ 形意刀
武器法のひとつ。刀の攻防技術や、全身の力の使い方を学ぶ。上級クラスにて習得できる

初心者や運動嫌いも気軽に習える♪
全日本柔拳連盟 渋谷駅前教室
ゼンニホンジュウケンレンメイ シブヤエキマエキョウシツ

1980年に開校した台湾政府団体公認の太極拳教室。基礎からていねいに教えてくれるので、安心して参加できる。美容と健康に加えて、護身術も身につけられる！

Map P.115-C2 渋谷

🏠渋谷区渋谷3-21-11 ☎03-3400-9371 🚃JR渋谷駅中央東改札から徒歩2分

芯から強く美しく♪
地曳寬子会長
父は日本での第一人者の地曳秀峰老師。初心者からベテランまで幅広く担当する。

1. 渋谷駅の駅前ながら落ち着いた静かなエリア 2. 天井高が3mあるので武器法も気兼ねなく練習できる。各武器も揃っていて、広い更衣室も完備

ポチるたびに
しあわせ届く♪

おうち時間も台湾ハント!
台湾現地&日本国内の
オンラインショップ

注文から到着まですべて日本語対応だから、急なトラブル対応にも安心。
arucoが実際に使ってよかったものだけ厳選♪
友達と台北バーチャルショッピングを楽しめちゃうサービスまで!

from Taiwan 直送

台湾のオンラインショップで愛しのM.I.T ―Made in Taiwan― を大量ゲット♡

すべて日本語可！

台湾ならではのモチーフを使ったデザイン雑貨や文房具、衣類、調味料、スイーツなど、気になるアイテムを台湾からお取り寄せ♪伝統的な先住民族のアイテムもゲットしよう！

台湾発のデザイナーサイト

Pinkoi ピンコイ

台湾発、アジア最大級のグローバル通販サイト。世界各国のデザインプロダクトをデザイナーから直接購入できる。台湾雑貨、茶葉（→P.76）、パイナップルケーキ（→P.79）、コスメ（→P.84）など幅広く扱っている。

URL jp.pinkoi.com

錦源興 Gimgoanheng ジンユエンシン

台南発の老舗から激かわ雑貨が登場！

1923年創業の生地専門店。現在は台湾の伝統文化をクリエイティブに発信している。生地や雑貨の販売、ギャラリー展示を行っている。

URL jp.pinkoi.com/store/gimgoanheng

台湾フルーツいっぱいで気分上がる♪

1. からすみスマホケース 2280円
2. 書道マグカップ 1240円
3. フルーツバッグ 2690円

母系社会 Matriarchal Society ムーシーシャーフイー

シンプルコーデのアクセントに♡

台北永康街にある雑貨店・彰藝坊のアイテムを扱っている。台湾の伝統文化「布袋劇」を伝えるアイテムや、花布ポーチがずらり。

URL jp.pinkoi.com/store/changyifangtw

伝統をモダンでおしゃれに発信中！

1. フラワートートバッグ 各2850円
2. フラワーコースター5枚 2810円
3. 漁師網ポーチ 各2030円
4. フラワーポーチ 各1620円

「Pinkoi」でアクセサリーを買ったら、デザイナーさん直筆の手紙が入っていて感激でした！（東京都・ライア）

※価格は、為替レートにより変動する場合があります。

HEY SUN
ヘイ サン

台湾の注音符号（ボボモフォ）をモチーフに、シルクスクリーン印刷を施した布製品を扱っている。日本人好みの色合いでかわいい。

URL jp.pinkoi.com/store/heysun

1. ボボモフォマスクカバー各1080円 2. ボボモフォTシャツ3080円～ 3. ボボモフォ靴下各720円～。すべて大人用＆子供用あり

カップルでお揃いもあり！

かわいくて軽くて防水で機能的！

小日子
ONEDAY
シャオリーズー

台湾の暮らしとカルチャーをテーマにしたライフスタイル雑誌「小日子」の雑貨店。シンプルながら機能的なアイテムを扱っている。

URL jp.pinkoi.com/store/onedayshop

1. 2. バックパック6940円。ポケット付きでA4サイズも収納可能 3. デイリーカラーボールペン各620円。高雄の文具メーカーSKB製

台湾オンラインショップ

巷弄
in Alleys
コウロウ

手作りのアクセサリーを

巷弄とは台湾にある細い路地のこと。小さくて鮮やかな天然石とパーツを組み合わせてハンドメイドしたアクセサリー。

URL jp.pinkoi.com/store/in-alleys

1. ブレスレット"シャトル"4460円 2. ピアス／イヤリング"サイレンス"5360円

カバーは着せ替えできる！

1. ペーパーカメラ"ヴィンテージシリーズ"
2. ペーパーカメラ"サマーブルームシリーズ"
3. ペーパーカメラ"台湾デザイナーシリーズ"

PaperShoot
ペーパーショット

軽くてエコなおしゃれカメラ

台湾独自のストーンペーパーを使ったペーパーカメラ各1万1560円。1300万画素で4つのフィルター機能を搭載している。

URL jp.pinkoi.com/store/papershoot

組み合わせを変えて楽しんで♥

「Pinkoi」でP Coinsを貯めれば、お得にお買い物できる！送料もリーズナブルなものが多くてうれしい。

93

台北101や小吃、小籠包イラスト♡

1. 立晶窯レトロな豆皿 各170元（約680円） 2. 印花樂ランチョンマット（お箸＆スプーン付き）台湾フルーツ390元（約1500円） 3. オリジナルビールグラス150元（約600円） 4. オリジナル吊るし飾り（パイナップル/ランタン）各80元（約320円）

台湾オンラインショップ

5. オリジナル金属製ピンバッジ（電鍋）各50元（約200円） 6. オリジナルアクリルコースター180元（約710円）

台北永康街エリアの大人気店

游智翔さん
來好オーナー。俳優としても活動する。家族経営であり永康街の雲彩軒、BAO gift shopは姉妹店。

台湾メイドが揃います！

鮮やかな花布がキュート♡

來好
ライハオ

「台湾のよさを世界に発信する」がコンセプト。台湾ならではの花布柄や小吃柄のポーチ、台湾メイドの良質ボディケア、台湾各地から集められた雑貨やお菓子など、約80ものブランドアイテムがところ狭しと並んでいる。

URL www.laihao.com.tw

7. オリジナルパイナップルケーキ（6個入り）130元（約520円）
8. 花布先生 客家花布柄マルチケース・ピンク300元（約1200円）
9. 一帆布包 帆布製コインケース・ルーロー飯200元（約800円）
10. 陽光菓菓 ドライマンゴー/無糖（100g）195元（約780円）

「來好」は3500元以上買うと、なんと送料無料に！ 新商品も続々登場するので、こまめにチェックして♪

95

from Taiwan 直送

台湾原住民の手作りアクセサリー

1. 水滴寮原住民的店 パイワン族の陶珠ネックレス 7900円
2. 水滴寮原住民的店 パイワン族の陶珠10連ブレスレット 2300円
3. 蜻蜓雅築珠藝工作室 パイワン族のモノトーンブレスレット 9800円
4. 蜻蜓雅築珠藝工作室 パイワン族のお守りペンダント 4900円
5. Nay工藝坊 タイヤル族のサコッシュ 各3500円
6. 慕珠手作 エスニック柄フープピアス 1500円

岩田優子さん
2007年より台南在住。ライター、コーディネーター。著書に「レトロな街で食べ歩き！古都台南へ＆ちょっと高雄へ」（イカロス出版）

台湾エスニック雑貨店

店主自ら原住民の集落を回り、買い付けをしたハンドメイドのアクセサリーや雑貨を販売するオンラインショップ。出会った雑貨にまつわるストーリーや、買い付け記録、集落の観光情報などもブログにて発信中！

URL www.taiwan-ethnic.com

台湾原住民とは？

17世紀に漢民族が台湾へ渡ってくる前から台湾に居住していた人たちのことを指す。現在台湾政府が認定している原住民は16民族であり、それぞれ独自の言語や文化をもつ。伝統的な文化は年々衰退の一途をたどっていたが、失った言語や祭儀を再復興させる動きがある。烏来や日月潭など観光地化されたエリアもあり、原住民料理も味わえる。

台湾のルーツを学ぼう♪

96　毎年台湾からマンゴーを取り寄せています！最近は変わったフルーツもある。（東京都・木山）

旬の台湾フルーツを味わいたい！

台湾旅行でハズせない楽しみのひとつといえば、季節のフルーツを食べること！
東京にいても台湾フルーツがこれだけお取り寄せできちゃうんです。

台湾オンラインショップ

from 台南 タイナン

A 台湾の夏といえばこれ！
マンゴー 6～8月

芳醇な香りと濃厚な甘味が特徴。品種は15種類以上あり、特に台南玉井産・屏東枋山産の愛文マンゴーが有名。申込期間3～5月上旬。

ジューシーな果肉が特徴！

from 嘉義 ジャーイー

あっさりした美容フード
H ドラゴンフルーツ 7～8月上旬

ホワイトドラゴンフルーツ。栄養価は高いが、果糖は少なく低カロリーなので美容食として知られている。申込期間3～5月上旬。

from 台東 タイドン

さわやかな果汁たっぷり！
B 文旦 9～10月

文旦の名産地・台南麻豆で育てられた麻豆文旦。台湾では中秋節（中秋の明月）に文旦を贈る風習がある。申込期間7～8月。

フローズンでおいしい食感
G 釈迦頭 7～2月

冷凍バンレイシ。独特な甘さが特徴で、食物繊維あり。名産地は台東太麻里。申込期間は、仕入れ状況による。

台北
Taiwan
台中
雲林　花蓮
嘉義
台南　台東
高雄
屏東

from 高雄 ガオション

サクサク食感で栄養豊富！
C ナツメ 1月～2月

インドナツメ。レモン2個分のビタミンCと、カリウム、リン、鉄分を含む、注目のフルーツ。申込期間9～11月。

ねっとりした濃厚な食感
F バナナ 3～7月

気温が高い地域でじっくり育つバナナは、味と香りが濃厚。さまざまな品種がある。高雄旗山や屏東産が有名。申込期間12～1月上旬。

実が詰まって栄養満点！

芯まで食べられるパインを試して！
D パイナップル 2月下旬～9月

芯が軟らかく甘くて美味！

その時期おいしい品種が届く。有名な17号（金鑽）、酸味が強い3号（土鳳）、繊維が少ないミルク（牛）。申込期間11～5月上旬。

果汁あふれてジューシー！
E ライチ 5月下旬～6月

わずかな期間しか味わえない、貴重な生ライチ。豊かな風味と甘さは台湾でも人気。高雄産の玉荷包が有名。申込期間3～4月下旬。

ここで取り寄せる！

台湾イベントを各種開催！
KKday ケーケーデイ
おうちで楽しめる台湾フードやフルーツの販売代行、オンラインツアーの企画など、あらゆる方面から台湾欲を満たしてくれる。
URL www.kkday.com/ja

安心安全な台湾フルーツを
株式会社Harawii はらぅぃー
厳選した契約農家で収穫された、高品質な台湾フルーツを扱っている。種類別に厳しく検査をしているので安心して食べられる。
@ harawii_yumyum

「KKday」では時期によって割引サービスも実施しているのでチェックしてみて！

from Japan

おうちで台湾満喫

大阪の神農生活や台湾楽鍋、静岡の本格台湾
台湾茶カフェの茶葉セットやオンライン

台湾食材 調味料

厳選された台湾食材を扱う
神農生活 近鉄百貨店ネットショップ
シンノウセイカツ キンテツヒャッカテン ネットショップ

2021年4月、大阪にオープンした台湾発のライフスタイルショップ。台湾で昔から愛され続ける食材や道具を、現代の暮らしに合わせて提案している。調味料や茶葉はネット購入できる。

URL shop.d-kintetsu.co.jp/shop/e/eG00-sl/

台湾料理に欠かせないガチョウ油

1. 台湾コーヒー（ドリップコーヒー）2484円 2. 椎茸クリスプ 1080円 3. ドライパイナップル 648円 4. フライドエシャロット 378円 5. 日干しドライ山胡椒 972円 6. パッションフルーツ・かぼちゃジャム 1080円 7. ガチョウオイル（プレーン）1620円

プレーン、ニラ、エビの3種類！

天然酵母をひと晩寝かせて作る芋頭包

本格的 台湾料理

台湾人店主が作る台湾料理
台湾味 タイワンアジ

手作りにこだわる台湾料理と点心がお取り寄せできる。店主の黄維邦さんは、台北国賓飯店、台北福華飯店、会員制レストラン世界聯誼社などで経験を積んだ本格派。

URL www.taiwanaji.com

1. 定番肉水餃子（冷凍）550円 2. 香港式大根もち（冷凍）500円 3. 嘉義チーロウファンソース（冷蔵・冷凍）400円 4. 香滑芋頭包（タロイモまん）（冷蔵・冷凍）450円 5. 台湾ちまき（冷蔵・冷凍）400円 6. 紅焼牛肉麺（冷蔵・冷凍）850円

「神農生活」がオープンしたけど、なかなか行けないのでオンラインショップはうれしい！（東京都・なつき）

国内オンラインショップ

料理店など、気になる商品をピックアップ。
限定の人気麺はギフトにもおすすめ！

kiki麺
日本にもファンが多い乾麺
ダスカコレクション

100種類以上の試作を経て完成した絶品麺。天日干しにこだわり、2時間ごとにひっくり返して均等に乾燥させることで品質を保っている。いち押しは、「花椒チリーまぜそば」4食入り1250円。

URL www.daskajapan.com/kiki/online.html

ネギオイルまぜそば、台湾魚介まぜそば、香る黒酢まぜそば、熟成黒酢チリーまぜそば。全5種類

おうちでフルーツティーを♪

1. おうちで水果茶セット2980円。パイナップル＆パッションフルーツなど果肉3種入り 2. 魯肉飯の具1400円 3. 甜カステラ（→P.44）

台湾茶&小吃
おうち用はもちろんギフトにも♪
台湾甜商店　タイワンテンショウテン

全国20店舗以上を展開。オンラインショップでは、台湾茶3種セット（凍頂烏龍茶・金萱茶・ジャスミン茶）や台湾カステラ、魯肉飯や牛肉麺のパウチを注文できる。

URL taiwan-ten.shop-pro.jp

台湾火鍋
台湾ひとり鍋専門店の鍋セット
台湾楽鍋　タイワンラクナベ

大阪にある台湾ひとり鍋専門店。「お家で鍋セット（2人前）」は、臭豆腐が入った臭臭鍋1780円、スパイシーな麻辣鍋1780円、魚介ベースの沙茶鍋1580円の3種。

@ taiwan.rakunabe

臭臭鍋セットは、臭豆腐、豚肉、揚げ湯葉、野菜、スープなど。注文はInstagramのDMから！

臭豆腐のうま味たっぷり♪

どれもかわいくて迷っちゃう

きはだ色は日本限定カラー。全6種類。レシピはP.28へ！

大同電鍋
台湾家庭で愛され続ける電気鍋
大同電鍋 楽天市場店　ダートンデングオ ラクテンイチバテン

1918年創業。台湾政府主催「トップ100台湾ブランド」に選ばれた電機メーカー。簡単操作で多彩な料理を作れる電鍋は、6号1万4000円〜、10号1万6000円〜。

URL www.rakuten.co.jp/dennabe/
URL store.shopping.yahoo.co.jp/toj/

「台湾味」は台湾の行事に合わせて、期間＆数量限定メニューが登場するのでお見逃しなく！

aruco column

\1点から注文OK！

1. 台湾限定販売の書籍や雑貨　2. 重量が軽いナイロンバッグはまとめ買いも　3.4. ドライフルーツや伝統菓子は、台北最大級の問屋街、迪化街で

HISのうれしいプラン！
代行購入で台湾ロスをちょっと解消♪

現地スタッフがお手伝い！
台湾お買い物・発送代行サービス
タイワンオカイモノ・ハッソウダイコウサービス

「あそこで買ったあの雑貨がもうひとつ欲しい」「台湾限定販売のあのお菓子を手に入れたい！」といった要望をかなえてくれる代行購入サービス。アフターコロナ後も使えそう！
￥1店舗2484円

以前に比べて台湾雑貨が国内で手に入るようになったけれど、台湾限定商品やひいきの店で直接買いたい人にとってはありがたいサービス！

★オーダー方法★

1 ネットで予約

専用ページの申し込みフォームから、希望商品と受け取り先住所を入力して予約完了。3営業日以内に商品の在庫などを確認し、注文主へ返信がある。

2 現地スタッフが注文品を調達する

注文主の支払い確認後、現地スタッフが商品を調達する。購入できない場合は全額返金。店舗とのやり取りが発生した場合は手数料を除き返金される。

3 商品が日本に届く

通常、注文から1週間程度で日本に届けられる。茶葉は輸入規制により1品2kgまでと決められているため、超過する場合は日を分けて発送される。

リアルタイムで吟味できる
バーチャルショッピングも！

今だけっ！買うともう1つサービスしますよ〜！

ていねいに梱包します

ライブ中継でプライベートショッピング！
台北のお好きなお店でオンラインバーチャルショッピング
タイペイノオスキナオミセデオンラインバーチャルショッピング

自分が指定した店でリモートショッピングが楽しめるプラン。現地スタッフが通訳となり、その場で店の人に質問したり、商品の質感や味などを確認してもらうことができる。
￥6624円（延長は20分ごとに200元）　⏱1時間
🚫土・日

1.3. オリジナル商品や日本未上陸の茶葉もゲット！
2. 1組最大3端末まで同時視聴可能なので、友人や家族と一緒にショッピングを楽しむこともできる

かゆいところに手が届くサービス
HISオンライン体験ツアー
エイチアイエスオンラインタイケンツアー

自宅にいながら旅行気分を味わえるオンラインツアー（→P.42）や、リモートでショッピングが楽しめるプランが盛りだくさん。フル活用して、台湾ロスを少しでも解消しよう。リーズナブルな価格設定なのも魅力のひとつ。
🔗 www.his-j.com/oe/search/

※価格は為替レートにより変動する場合があります。

毎週でも行けちゃう♪
東京の「まるで台湾」な
エリア別おさんぽコース

歩くほどにワクワクする、テーマ別6エリアをピックアップしたら、
個性豊かですてきなエリアが揃いました！
台湾に出会えるベストタイムを目指して、おさんぽスタート♪

W

L

K

カロリーオーバーは気にしない！
吉祥寺&西荻窪で食べ歩き

台湾朝ごはんからスタートして、魯肉飯、
台湾唐揚げ、胡椒餅、台湾バーガー、鍋貼を巡る1日。
朝から夜まで吉祥寺・西荻窪で台湾なグルメを満喫しよう♪

TOTAL 8時間

吉祥寺おさんぽ
TIME TABLE

- **9:30** WORLD BREAKFAST ALLDAY 吉祥寺店
- ↓ 徒歩1分
- **11:30** 台湾カフェ 月和茶
- ↓ 徒歩6分
- **13:30** 台湾唐揚 横濱炸鷄排 吉祥寺店
- ↓ 徒歩2分
- **14:00** KIKICHA TOKYO
- ↓ 徒歩26分
- **15:00** 街角饅頭店 吉祥天
- ↓ 徒歩6分
- **16:00** 台北餃子 張記 西荻窪店

1 台湾朝ごはんからスタート！ 9:30
WORLD BREAKFAST ALLDAY 吉祥寺店
ワールド・ブレックファスト・オールデイ キチジョウジテン

「朝ごはんを通して世界を知る」がコンセプト。その国の文化を伝えるため、スタイリングにもこだわっている。朝ごはん専門店ではあるが、夜まで楽しめる！

DATAは → P.49

テイクアウトして公園で食べても◎

1. 定番の朝ごはんがセットで味わえる、台湾の朝ごはん 2. テイクアウトもおすすめ 3. パステルピンクを基調とした明るい店内

2 毎日通いたくなる落ち着く茶藝館 11:30
台湾カフェ 月和茶
タイワンカフェ ユエフウチャ

店主自ら作った民家風インテリアは、台湾の茶藝館そのもの。30種類にも及ぶ台湾茶に薬膳料理、スイーツも本格的。季節限定メニューも登場する。

Map P.115-A1 吉祥寺

📍武蔵野市吉祥寺本町2-14-28 ☎0422-77-0554 ⏰11:00～18:00(L.O.17:00)、土・日・祝～19:00 (L.O.18:00) 休水 🚃JR吉祥寺駅北口から徒歩6分

ゆったりどうぞ！

1. 楊家魯肉飯 (→P.57) 2. 木のぬくもりに懐かしさを感じるインテリア 3. 茶壺や茶器が飾られている店内 4. 吉祥豆花790円。6～7種類のトッピングが毎日変わる 5. パイナップルケーキ (→P.78)

直径15cm 超え！

1. 台湾天ぷら540円。台湾のさつま揚げをカットし、素揚げした一品 2. 炸鷄排 (→P.45) 3. 炸鷄排（一口サイズ）540円。台湾唐揚げの食べやすいサイズ

3 本格的なスパイスでサクサクに！ 13:30
台湾唐揚 横濱炸鷄排 吉祥寺店
タイワンカラアゲ ヨコハマザージーパイ キチジョウジテン

横浜中華街に本店をおく台湾唐揚げ専門店。台湾から取り寄せたスパイスを独自に調合したたれがおいしさの秘訣。注文を受けてから揚げている。

Map P.115-A1 吉祥寺

📍武蔵野市御殿山1-3-9 ☎0422-47-3777 ⏰11:00～21:00 休不定休 🚃JR吉祥寺駅南口から徒歩3分

以前から吉祥寺には台湾なスポットが点在していて、台湾好き仲間とよく集まっていました。（東京都・いろは）

4 家族経営でアットホームな台湾茶屋
KIKICHA TOKYO 14:00
キキチャトーキョー

台湾人の両親をもつ店主が、台湾留学で出会った台湾茶のおいしさに感銘を受けて始めた店。季節ごとに旬の茶葉を吟味し、買い付けている。

Map P.115-A1 吉祥寺
🏠 武蔵野市吉祥寺南町1-9-9 ☎0422-26-6457 ⏰11:00～19:00 休無休 🚃JR吉祥寺駅南口から徒歩3分

1. 胡椒餅(→P.54)。2種類から選べる　2. 季節のタピオカミルクティー650円～。厳選素材を使い伝統製法でていねいに　3. 四季フルーツティー850円。新鮮なフルーツを贅沢に使ったフルーツティー。注文を受けてから淹れるストレートティーもおすすめ！

1. 角煮サンド(→P.54)　2. 塩ねぎ花巻120円。商品は一つひとつ手作業で行うため大量生産できない　3. テイクアウト専門。2021年7月リニューアルオープン

5 天然酵母で作る本格饅頭店
街角饅頭店 吉祥天 15:00
マチカドマントウテン キッショウテン

台湾人店主の邱さんが、小さい頃から食べてきた饅頭を広めようとオープン。饅頭のほか日替わり台湾弁当や台湾ドリンクも楽しめる。

DATAは→P.54

6 新メニューが続々登場する小吃店
台北餃子 張記 16:00
西荻窪店
タイペイギョウザ チョウキ ニシオギクボテン

看板の鍋貼り棒餃子をはじめ、台湾唐揚げや魯肉飯など各種小吃がずらり。ランチタイムには、名物料理が少しずつ楽しめる「張記オールスターセット」1280円が新登場。

DATAは→P.53

1. 張さんの鍋貼焼餃子(→P.53)ほか　2. 名物のレモンサワー。台湾ビールやカクテルも揃う多彩なラインアップ

吉祥寺駅前のコピス吉祥寺に「KALDI COFFEE FARM」(→P.83)があるので、帰宅前にチェックしよう！

サブカルが集まる下北沢でお買い物&小吃探索

最新の台湾インディーズ音楽や台湾カルチャーブックを手に入れるなら下北沢へ。キッチュでかわいい雑貨店や台湾料理の名店もチェックしよう！

下北沢おさんぽ

TOTAL 8時間

TIME TABLE
- 12:00 台湾綺鷄
  ↓ 徒歩7分
- 13:00 大浪漫商店
  ↓ 徒歩3分
- 14:00 RIRI MARKET
  ↓ 徒歩3分
- 15:00 本屋を旅するBOOKSHOP TRAVELLER
  ↓ 徒歩4分
- 17:00 新台北 下北沢本店
  ↓ 徒歩6分
- 19:00 台湾料理 光春

1 秘伝のたれで作る絶品唐揚げ
台湾綺鷄 12:00
タイワンキッチン

2021年4月にオープンした唐揚げ専門店。台湾宜蘭から仕入れた食材を使い独自配合した秘伝のたれに、鶏肉をひと晩じっくり漬け込んでいる。酵素分解してお肉軟らか！

魚肉飯とジーパイの夢のコラボ♡

Map P.121-A1 下北沢

1. ジーパイ飯750円。ご飯には魯肉がかかる 2. 台湾鶏排「ジーパイ」600円。本場の味を忠実に再現 3. 台湾葱パイ300円

♠世田谷区北沢2-12-15 ☎03-6876-7745 ⏰11:00～20:00 休月 小田急線・京王井の頭線下北沢駅西口から徒歩2分

2 台湾ディープカルチャーに出会う
大浪漫商店 13:00
ダイロマンショウテン

日本と台湾をつなぐ音楽レーベル「大浪漫唱片」直営の魯肉飯専門スタンド。台湾のインディーズバンドの紹介をはじめ、クラフトビールや衣服の販売など、台湾文化に触れられる。

Map P.121-A1 下北沢

♠世田谷区代田2-36-14 BONUS TRACK soho5 ⏰11:00～23:00 休無休 小田急線・京王井の頭線下北沢駅南西口・西口から徒歩5分

1. （左から）台湾人イラストレーターShiho Soによる幸運の涙顔Tシャツ（白）4200円、BIG ROMANTIC RECORDS Classic LOGO Tシャツ3300円（ピンク） 2. 台湾クラフトビール「アルケミスト」Koshi Light900円ほか

3 激かわ雑貨店でお宝探し♡
RIRI MARKET 14:00
リーリーマーケット

アジアを中心に、世界中からシュールかわいい雑貨を集めたセレクトショップ。キラキラシール各110円はじめ、店内ところ狭しと雑貨がぎっしり。オンラインショップも！

Map P.121-A2 下北沢

♠世田谷区北沢2-39-15 ☎080-7575-3131 ⏰13:00～19:00 休不定休 小田急線・京王井の頭線下北沢駅東口から徒歩5分

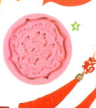

縁起のいいダブルハピネス「福」もあり

1. 福 くるぶし丈 靴下220円 2. 麻雀牌 バレッタ④ 550円 3. 福 巾着 黄色330円 4. ダブルハピネス クッキー型 シリコン C 418円 5. 福 フリンジピアス1200円　各種色違いもあるのでチェック！

「大浪漫商店」で聞いたサンセット・ローラーコースターは、おしゃれ過ぎて衝撃的だった。（東京都・スイカ）

104

4 本屋を旅するように楽しむ♪ 15:00
本屋を旅するBOOKSHOP TRAVELLER
ホンヤヲタビスルブックショップ トラベラー

独立書店を応援するBOOKSHOP LOVER主宰の和氣さんが営む、本屋のアンテナショップ。手作りの本棚に並べられているのは、国内外のアートブックやZINEなどレアな書籍ばかり。

Map P.121-A2　下北沢

🏠 世田谷区北沢2-30-11 BALLOND'ESSAI ART GALLERY 3F奥 🕐 12:00〜19:00 🚫 水・木、年末年始 🚉 小田急線・京王井の頭線下北沢駅東口出口徒歩2分

1.『秋刀魚』は少しセンチメンタルな感じもする、台湾視点で日本を紹介する雑誌　2.『書店本事』は台湾の本屋の本。独立系店主のストーリーが詰まっている　3.『時行』は高雄の独立系書店による、日本語タブロイド

5 小腹を満たす小吃が充実！ 17:00
新台北 下北沢本店
シンタイペイ シモキタザワホンテン

食材の魅力を引き出した約80種類の料理は、日本人にも好まれるあっさりとした味。「安くておいしい」にこだわり、30年以上値段据え置き！気軽に立ち寄れる使い勝手のよさも◎。

Map P.121-A2　下北沢

🏠 世田谷区北沢2-6-5 ☎03-3485-1626 🕐 17:00〜翌2:00（L.O.翌1:00）、土・日・祝11:30〜 🚫 無休 🚉 小田急線・京王井の頭線下北沢駅南口から徒歩2分

1. 蚵仔煎（→P.55）。ピリ辛だれがおいしい、カキ入り卵焼き　2. 干扁四季豆850円。サヤインゲンとひき肉の炒め　3. 黄金南瓜900円。カボチャをアヒルの卵黄で衣揚げに　4. 朱色の壁は、台湾にある寺院の門をイメージ

6 素材を生かした日替わり料理も 19:00
台湾料理 光春
タイワンリョウリ コウシュン

日本では手に入り難い台湾独自の加工品も店主自ら試作を重ねて手作りするこだわり。契約農家で栽培した旬の中華野菜や、店主が釣った魚を使うので、訪れるたびに新しい味と出会える。

→P.52

1. 大根餅（→P.52）は、現地の味を追求した自信作！　2. ライブ感あふれるキッチンの様子が楽しめるカウンター席

各店舗とも遅めオープンなので、午後からスタートして夜まで楽しむのもおすすめ。

のんびり台湾茶を楽しみながら
自由が丘をぶらり散策♪

自由が丘に点在するお茶スポットを巡りながら、鳥取発のこだわりパイナップルケーキや、チェン先生の日常着をゲットしよう♪

台湾茶を堪能♪

TOTAL 6時間

自由が丘おさんぽ
TIME TABLE

- 11:00 台湾茶葉専門店 茶工廠 自由が丘店
- ↓徒歩2分
- 12:00 鼎's by JIN DIN ROU 自由が丘店
- ↓徒歩4分
- 13:30 台湾席茶 蓮月庭
- ↓徒歩8分
- 15:00 HAO-YIFU
- ↓徒歩7分
- 16:00 はちかくストア
- ↓徒歩7分
- 16:30 ゴンチャ エトモ自由が丘店

さわやかな酸味と甘味が絶妙！

冷泡四季青茶＋マンゴーパインパッションフルーツ 529円

1 ドリップマシンで抽出する台湾茶 11:00
台湾茶葉専門店　茶工廠
自由が丘店
タイワンチャバセンモンテン チャコウジョウ ジユウガオカテン

Map P.120-C1 自由が丘

創業100年の台湾にある茶工場が開発した台湾茶のドリップマシンを使い、7種類の台湾茶を楽しめる。シロップは、沖縄県産の黒糖を使うこだわり。

🏠目黒区自由が丘2-12-21 最上ビル1F ☎問い合わせ 0274-63-1293（マルイ物産）🕐11:00～20:00 🚫無休、年末年始 🚉東急線自由が丘駅正面口から徒歩2分

1. 茶工場烏龍ミルクティートール＋黒糖ブラックタピオカ529円。ミルクは牛乳、特濃牛乳、豆乳を選べる 2. タッチパネルで注文する 3.4. 急速冷却することにより劣化を防ぎ、酸化をさせないようにしている

スイーツもおすすめ！

2 話題の羽根つき焼小籠包をパクリ♪ 12:00
鼎's by JIN DIN ROU
自由が丘店
ディンズ バイ ジン ディン ロウ ジユウガオカテン

京鼎樓（→P.47）のトップ点心師・総料理長である陳章雄氏が、日本人のために開発した、羽根つき焼小籠包が名物。たれもオリジナルの酢味噌と香港ラー油。

Map P.120-C2 自由が丘

🏠目黒区自由が丘2-10-4 ミルシェ自由が丘ビル2F ☎03-6421-3825 🕐11:30～23:00（L.O.フード22:00、ドリンク22:30）🚫無休、年末年始 🚉東急線自由が丘駅北口から徒歩3分

セットメニューもあるよ！

1. マンゴー練乳氷990円 2. スタイリッシュな店内 3. 羽根つき焼小籠包540円

106　「台湾茶葉専門店 茶工廠 自由が丘店」は台湾茶自体がおいしいので、ストレートもおいしい！（東京都・サトコ）

3 台湾席茶 蓮月庭 13:30
タイワンセキチャ レンゲツテイ

茶藝カフェでほっとひと息

台北の有名茶藝館で長年勤めた店主が、茶葉の種類に合った入れ方や飲み方を教えてくれる。味や香、色、所作など五感で堪能しよう。オンラインショップもある。

Map P.120-C1 自由が丘

🏠目黒区自由が丘2-15-10 A&Dハウス102 ☎03-5701-0033
⏰12:00〜19:00 (L.O.18:30)、土・日・祝〜20:00 (L.O.19:30)
休不定休 🚃東急線自由が丘駅正面口から徒歩4分

1. こだわりの茶器フルセットで楽しむ、蓮月庭式本格工夫茶1850円〜 2.3. 落ち着きのある店内

自由が丘

4 HAO-YIFU 15:00
ハオイーフ

ヂェン先生の日常着が充実

年齢や性別を問わないシンプルなデザインと着心地のよさが人気の、台湾人デザイナー・ヂェン先生の服が揃う。情報発信はインスタのみ♪

DATAは→P.72

コーデのポイントにぴったり♡

色違いで揃えたくなる定番のストール

1. そのままでも重ね着にも重宝する、七分チャイナシャツ 2. 色鮮やかな色々にテンションアップ！ 3. ガラス張りの外観が目印

5 はちかくストア 16:00

鳥取生まれの台湾菓子♪

鳥取県産の厳選食材で作られる焼き菓子や、台湾グッズを販売している。パイナップルケーキは、粗刻みのパインで作る特製ジャムがイン！

二十世紀梨を隠し味にしている

Map P.120-C2 自由が丘

🏠目黒区自由が丘1-23-4 ☎070-1875-9243
⏰10:30〜19:30 休無休、年末年始 🚃東急線自由が丘駅北口から徒歩5分

1. 鳳梨パイナップルケーキ3個入り790円 2. 龍眼マフィン240円。奥出雲の甘酒を使い、生地にドライリュウガンを練り込んでいる 3. 台湾グッズも並ぶ店内

6 ゴンチャ エトモ自由が丘店 16:30
ゴンチャ エトモジユウガオカテン

新メニューも続々登場！

台湾発祥のアジアンティーカフェ。上質な茶葉を使い、抽出から4時間以内のお茶を提供している。もちもち食感が楽しいパール（タピオカ）のトッピングも◎。

パール（タピオカ）をトッピングしても美味

Map P.120-C2 自由が丘

🏠目黒区自由が丘1-31-1 ☎03-5726-8980
⏰10:00〜22:00 休年末年始 🚃東急線自由が丘駅南口から徒歩1分

1. 阿里山 ウーロンティーICED/Mサイズ430円 2. 黒糖ミルクアールグレイティーICED/Mサイズ620円 3. ブラック（紅茶）ミルクティーICED/Mサイズ460円 ＋80円でパール（タピオカ）・ミルクフォームなどをトッピングしてカスタマイズ'SOK ※一部商品を除く

「はちかくストア」はオンラインショップもあるのでのぞいてみて！

台湾式シャンプーからスタート！
池袋でディープ台湾体験

池袋北口を出ると、そこは関東第2の中華街。
要町のベジカフェでまったりしたあとは、
中国語が飛び交う、エキサイティングな空間へ♪

TOTAL 7時間

池袋おさんぽ
TIME TABLE
- 10:30 ahsin hair room 池袋店
  ↓ 徒歩13分
- 12:00 TSUMUGU CAFE
  ↓ 徒歩14分
- 13:30 友誼商店・友誼食府
  ↓ 徒歩1分
- 16:00 陽光城
  ↓ 徒歩2分
- 17:00 新富麗華カラオケ

台湾を見つけろ

特別なひとときを過ごしてね

1 頭をスッキリして出かけよう♪ 10:30
ahsin hair room 池袋店
アシンヘアルーム イケブクロテン

椅子に座ったまま行う本格的な台湾式シャンプーや、水牛の角で頭や顔の経絡にマッサージをする顔筋リフレ3300円〜などが体験できる。

DATAは→P.36

台湾の路地裏にありそうなかわいいお店

完全予約制 台湾式ヘッドスパ 3300円

2 台湾ビーガンを気軽に♪ 12:00
TSUMUGU CAFE
ツムグ カフェ

台南出身の店主が開いた台湾オリエンタルベジタリアンカフェ。幅広い創作ベジフードが味わえる。台湾から直輸入している台湾茶もおすすめ。

Map P.116-B1 池袋
🏠豊島区西池袋3-36-20 1F ☎03-5927-8889
⏰11:00〜20:00、水曜〜土曜10:00〜22:00 ㊡不定休 🚇地下鉄有楽町線要町駅4番・6番出口から徒歩7分

ネギやニンニクを使わない五葷抜き！

台湾CHIMAKI（サラダ・フルーツ付き）1000円。クリや大豆で作るハムが入るチマキ

要町で人気の台湾式弁当もおすすめ

持ち帰り専門です

台湾屋台料理を広めるため店をオープン。日本人の味覚に合わせた味付けだが、台湾風味を損なわないようにしている。できる限りすべて手作り。

有夏茶房 ユウカチャボウ

Map P.116-B1 池袋
🏠豊島区西池袋5-25-9 第78オーナーズビル1F ☎03-3972-1959 ⏰11:00〜15:00 ㊡月・日、年末年始 🚇地下鉄要町駅6番出口から徒歩2分

滷肉飯650円。1日30食以上出る人気弁当 2 排骨飯980円。国産豚ロースに秘伝のたれと自家製コショウがかかる

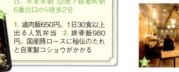

1. 阿里山茶700円。台湾直輸入で、有機栽培の茶葉を使用している
2. 3. リピーターが多く、週末になると遠方から訪れる人も

「TSUMUGU CAFE」は、ベジカツカレーやベジハンバーガーなどバラエティ豊富で飽きない！（神奈川・陽子）

③ 台湾調味料やグルメを求めて！
友誼商店・友誼食府
ユウギショウテン　ユウギショクフ

本場さながらの台湾＆中国の食材とグルメが楽しめる貴重なスポット。食府はプリペイドカードで支払いをする。2021年春には立川にもオープン！

Map P.116-B1　池袋
🏠豊島区西池袋1-28-6 大和産業ビル4F
📞03-5950-3588 ⏰7:30〜24:00（食府は〜22:00）休年末年始 🚃JR池袋駅20b出口から徒歩1分

13:30

フードコート
台湾屋台料理や朝食店、四川料理など盛りだくさん！

1. 台湾料理・匯豊齋による台湾屋台料理の店
2.
3. 豚足800円、台湾夜市フライドチキン980円、ドリンク200円ほか（→P.55）

食品スーパー
調味料や野菜、冷凍食品、菓子など幅広く揃う

まるで海外のスーパーにいるみたい！

1. 茶梅やドライフルーツ　2. 台湾ピータン650円。独特な風味が少なく食べやすい　3. ライチケーキ280円。レンジで少し温めると◎　4. 四物鶏450円。水と煮込めば、手軽に薬膳スープを作れる

④ 路面で便利な中華スーパー
陽光城
ヨウコウジョウ

16:00

本格的な中華食材が手に入るスーパー。駅から近く、1階にあるので、気軽にサクッと買い物ができて使い勝手がよい。台湾のとろみ醤油や糯米粉などもある。

Map P.116-B1　池袋
🏠豊島区西池袋1-25-2 📞03-5960-9188 ⏰24時間 休無休、年末年始 🚃JR池袋駅20b出口から徒歩1分

1. 牛乳花生180円。ピーナッツミルク　2. 蒜蓉辣椒醤648円。ニンニク入り辛子味噌ソース　3. 地瓜粉489円。甘味のあるサツマイモ粉

商品がぎゅっと詰まってる♪

⑤ 豪華ルームで本格KTV！
新富麗華カラオケ
シンフウレイカカラオケ

17:00

シャンデリア輝く広々した個室が8室。日本語はもちろん中国語、広東語の最新曲が揃う。お手頃な料金で朝6時まで営業もうれしい。

Map P.116-B1　池袋
🏠豊島区西池袋1-36-8 ロマンスビル5F 📞03-6915-2568 ⏰13:00〜翌6:00、土・日・祝前日・祝12:00〜 休年末年始 🚃JR池袋駅北口から徒歩2分

フリータイムは平日5時間1300円〜と破格

「有夏茶房」はセントラルキッチンを作っており、近々通販もスタートするかも！

夕方から繰り出そう！
神楽坂のとっておき店を飲み歩く♪

夜が楽しい街・神楽坂には、話題の台湾料理店はじめワイン×魯肉飯、台湾茶のカクテルなど、ユニークなかけ合わせが楽しめる魅力的な店が点在！

台湾のお酒おいしい！

神楽坂おさんぽ
TOTAL 5時間

TIME TABLE
- 17:00 PAIRON
  ↓ 徒歩7分
- 17:45 FUJI COMMUNICATION
  ↓ 徒歩6分
- 19:00 神楽坂ワインハウス「バイザグラス」
  ↓ 徒歩16分
- 19:45 BAR燈光
  ↓ 徒歩10分
- 20:30 春水堂 飯田橋サクラテラス店

夜の神楽坂で食べ歩きを楽しむ♪

1 絶品餃子からスタート！ PAIRON 17:00
パイロン

皮から手作りの本格餃子専門店。国産豚と国産粉を使い、ニラ入りの青龍餃子や、ニンニク入りの黒龍餃子など個性豊かな餃子は20種類以上！オンラインショップもある。

Map P.116-C2 神楽坂
🏠 新宿区新小川町8-32 ☎03-3260-6571 ⏰11:30～15:00、17:00～23:00 休年末年始 🚉JR飯田橋駅東口から徒歩9分

1. 白龍餃子（豚肉）429円。パクチー、白髪ネギ、おろしニンニクなどお好みでトッピングをプラス！ 2. 鍋貼1個132円（注文は4個以上から）

看板メニューは水餃子！

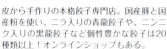

缶のドリンクは冷蔵庫からセルフで♪

2 スパイス香る水餃子が話題♡ FUJI COMMUNICATION 17:45
フジ コミュニケーション

台湾固有種のレアスパイス、削りたての馬告（マーガオ）を添えたもちもちの水餃子は、レモングラスのようなさわやかな香り！無添加の料理に合わせたナチュラルワインも充実。

Map P.116-C2 神楽坂
🏠 新宿区水道町1-23 石川ビル2F ☎03-5579-2712 ⏰11:30～L.O.14:00、17:30～21:00（L.O.20:00） 休不定 🚉地下鉄江戸川橋駅4番出口から徒歩7分・神楽坂駅1a出口から徒歩8分

1. 排骨770円、刀削麺を使った汁なしジャージャー麺の台湾式炸醤麺935円、魯肉飯（→P.57） 2. マーガオ餃子790円 3. ナチュラルワイン と 4. 心地よい雰囲気

 110 「FUJI COMMUNICATION」は台湾ウイスキーのKavalanも飲める！うれしい！（東京都・伊藤）

3 台湾小吃×ワインを楽しんで♪ 19:00
神楽坂ワインハウス「バイザグラス」
カグラザカワインハウス「バイザグラス」

ソムリエ・松沢さん厳選の世界のワインをグラス単位で楽しめる。台湾などアジアを旅して生み出す料理はワインと相性抜群。ワインで煮込むルーロー飯や胡椒餅はテイクアウト可。

Map P.116-C2 神楽坂

🏠 新宿区赤城下町11-1 ☎03-6339-1630 ⏰平日17:00〜23:00、土・日、祝17:00〜21:00 休火 🚇地下鉄神楽坂駅1b出口から徒歩2分、地下鉄江戸川橋駅4番出口から徒歩6分

1. 自家製 ヘルシー胡椒餅800円は南仏E.ギガルのコート・デュ・ローヌ・ルージュと 2. 自家製ワイン屋のルーロー飯900円はブルガリア・ロゴダジのメルローを 3. カウンターもテーブルもあり

スパイシーなワインと合わせて!

神楽坂

おひとり様大歓迎!

4 裏路地にあるとっておきバー
BAR燐光 19:45
バー リンコウ

店主・山谷頼子さんが生み出す、季節の食材や茶葉を使ったカクテルやノンアルコールドリンクを楽しめる。カウンター8席の落ち着く空間。最新情報はTwitterを確認。

Map P.116-C2 神楽坂

🏠 新宿区神楽坂2-3YYビル ☎050-5438-6626 ⏰19:00〜24:00 休水 🚇JR飯田橋駅B2出口から徒歩2分

1. 金萱烏龍茶とエルダーフラワーのカクテル1500円 2. 台湾パイナップルと玉露と実山椒のフローズンカクテル(ノンアルコール・季節限定)1800円 3. 凍頂烏龍茶のフローズンカクテル1500円

金萱烏龍茶を使ったオリジナル♪

5 台湾カフェで一日の〆を
春水堂 飯田橋サクラテラス店 20:30
チュンスイタン イイダバシサクラテラステン

チャイニーズモダンの明るい店内の台湾カフェ。ドリンクやスイーツの充実度はもちろん、麺メニューや台湾小吃も豊富なラインアップ。駅なので帰宅前にも使い勝手がよい。

Map P.116-C2 飯田橋

🏠 千代田区富士見2-10-2 飯田橋サクラテラス2F ☎03-5357-1987 ⏰11:00〜21:00 休年末年始 🚇JR飯田橋駅西口から徒歩2分

1. タピオカフルーツ豆花750円 2. 看板メニューのタピオカミルクティー600円 3. お店近くの遊歩道は桜の名所のため、春にはドリンク片手にお散歩も

まろやかな本格豆花は優しい味わい

「春水堂 飯田橋サクラテラス店」は2021年6月から麻辣魯肉飯が登場!ピリ辛でやみつき! 111

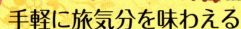

東京から足を延ばして
手軽に旅気分を味わえる
横浜中華街へ

半日あれば十分！異国情緒を満喫できるおさんぽコース。
開運スポットにグルメにスイーツに、
気分はすっかり台湾トラベラー！

運気も上げちゃお

TOTAL 7時間

横浜中華街おさんぽ
TIME TABLE
- 12:00 横浜関帝廟
  ↓ 徒歩3分
- 13:00 民生炒飯 横浜中華街店
  ↓ 徒歩2分
- 14:00 台湾唐揚 横濱炸鶏排 横浜中華街本店
  ↓ 徒歩3分
- 15:00 横浜媽祖廟
  ↓ 徒歩3分
- 17:00 福楼
  ↓ 徒歩1分
- 18:00 鼎雲茶倉

龍の装飾は台湾から運ばれたもの

1. 風格ある楼門 2. 地元の人も観光客も熱心に参拝 3. 絢爛豪華な本殿内部。天井の飾りが見事

必ず参拝したい中華街のシンボル
1 横浜関帝廟 12:00
ヨコハマカンテイビョウ

台湾でも人気の高い武将、関聖帝君（神格化された関羽）を祀る廟。おもに商売の神様として信仰を集めている。中華街の中心に位置し、風水的に最強のパワースポットともいわれている。

Map P.121-B1 横浜中華街
🏠神奈川県横浜市中区山下町140 ☎045-226-2636 ⏰9:00～19:00 🚫年末年始 🚃みなとみらい線元町・中華街駅2番出口から徒歩5分、JR石川町駅中華街口から徒歩6分

台湾で認められた本場の味！
2 民生炒飯 13:00
横浜中華街店
ミンセイチャーハン
ヨコハマチュウカガイテン

台湾のネット投票で全国炒飯1位に輝いた炒飯の名店が、横浜中華街に初上陸。素材のうま味を生かすシンプルな味付けで、パラパラに炒められたご飯と具のバランスが絶妙。

Map P.121-B2 横浜中華街
🏠神奈川県横浜市中区山下町126-8 ☎080-3126-2746 ⏰11:00～15:00、17:00～19:00 🚫火、年末年始 🚃みなとみらい線元町・中華街駅2番出口から徒歩5分、JR石川町駅中華街口から徒歩6分

さすが台湾1位、パラパラ感がお見事！

1. 香腸炒飯950円。甘みのある腸詰入り 2. 牛肉炒飯1000円。厚めの牛肉と青菜入り

炸鶏排540円。タピオカ粉を使った衣は油切れがよく、サクサク！

大きな台湾唐揚げを食べ歩き
3 台湾唐揚 横濱炸鶏排 14:00
横浜中華街本店
タイワンカラアゲ ヨコハマザージーパイ
ヨコハマチュウカガイホンテン

全国18店舗を展開する台湾唐揚げの本店。タピオカ粉を使った衣は油切れがよくサクサク。媽祖廟から近いので、セットで訪問しよう。注文を受けてから揚げ始めるこだわり。

Map P.121-B2 横浜中華街
🏠神奈川県横浜市中区山下町106-10 前田橋レジデンス1F ☎045-514-7254 ⏰11:00～18:00（売り切れ次第終了）🚫年末年始 🚃みなとみらい線元町・中華街駅2番出口から徒歩2分、JR石川町駅中華街口から徒歩6分

横浜中華街は屋台があって、にぎやかなので、歩いているだけでテンションが上がる！（神奈川・とっこ）

4 横浜媽祖廟 15:00
ヨコハマ マソビョウ

台湾で人気が高い女神様を祀る

漁業と航海の安全を守る道教の女神様を祀る廟で、横浜関帝廟と肩を並べて信仰を集めている。神殿内には子宝、安産、縁結び、学問の神様も祀られさまざまなご利益が望める。

DATAは→P.34

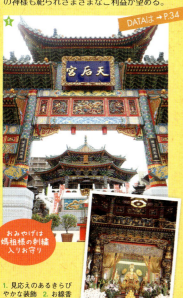

おみやげは媽祖様の刺繍入りお守り

1. 見応えのあるきらびやかな装飾 2. お線香を買って参拝。作法は教えてもらえる

台湾料理の人気メニューがたくさん♡

1. 嘉義名物の鶏肉飯900円、台湾まぜそば980円、焼鴨1600円 2. 台湾の屋台をイメージした店内

5 福楼 17:00
フクロウ

中華街で台湾料理といえばここ！

中華街の中でもディープ感漂う台南小路にあるお店。台南出身の店主が台湾で買い付けてくる食材や調味料を使う料理は、まさに台湾の味。食べたい台湾料理がきっと見つかるはず。

Map P.121-B1 横浜中華街

🏠 神奈川県横浜市中区山下町137-26 ☎045-651-2962 ⏰11:00〜22:00 無休 みなとみらい線元町・中華街駅2番出口から徒歩5分、JR石川町駅中華街口から徒歩6分

6 鼎雲茶倉 18:00
テイウンチャクラ

台湾カキ氷が食べられる台湾茶カフェ

ひんやりおいしいマンゴー果汁のカキ氷

台湾スイーツが充実した台湾茶専門店。お茶の品揃えが本格的。ふわふわに削られたカキ氷は3月から11月までの季節限定メニュー。タピオカや豆花、仙草ゼリーなども揃う。

Map P.121-B1 横浜中華街

🏠 神奈川県横浜市中区山下町146 ☎045-227-5385 ⏰11:00〜21:00、土・日・祝〜22:00 水、年末年始 みなとみらい線元町・中華街駅2番出口から徒歩5分、JR石川町駅中華街口から徒歩6分

1. ナチュラルなインテリアがかわいい 2. フレッシュマンゴーがゴロゴロ。マンゴープリン付きカキ氷980円

「民生炒飯 横浜中華街店」通販の民生炒飯Tシャツは、テイクアウト容器に入れて届けられる。炒飯券付き！ 113

メニュー選びにも重宝！ **台湾料理図鑑**

点心・包子

小籠包 シャオロンバオ
豚肉あんを薄皮で包んで蒸し上げる点心。台湾では朝食店でも提供される

水餃 シュェイジャオ
水餃子。皮の弾力が強くプリプリしている。具は豚肉やエビ、野菜など

鍋貼 グオティエ
焼き餃子。形は縦長で大ぶり。具は豚肉やニラ、キムチなど。羽根付きも

肉包 ロウバオ
肉まん。日本の肉まんより皮がふわふわ。野菜のみのベジタリアンまんも

胡椒餅 フウジャオビン
さまざまなスパイスで味付けした焼きまんじゅう。アツアツの肉汁に注意！

麺

牛肉麵 ニウロウミエン
じっくり煮込んだ牛肉と、少し辛味の効いたスープが美味。専門店も多い

麵線 ミエンシエン
とろみのあるカツオだしのスープ麺に、豚の大腸などをトッピング

米粉 ミーフン
米の粉で作られた細麺。野菜などを入れて炒めたり、スープ麺にする

意麵 イーミエン
小麦粉から作る細平打ち麺。台南は麺を油で揚げてある場合も多い

担仔麵 ダンズーミエン
台南発祥の麺。エビだしのスープに、肉味噌がのり、卵麺が入る

ご飯

魯肉飯 ルウロウファン
甘辛味の豚ひき肉の煮込みをご飯にのせた、台湾風の小さな丼ぶり

雞肉飯 ジーロウファン
ボイルした鶏胸肉の細切りをご飯にのせ、たれをかけた小さな丼ぶり

炒飯 チャオファン
どこで食べても失敗が少ないチャーハン。台湾はしっとり系とよく出会う

飯糰 ファントゥワン
台湾版おにぎり。具は肉でんぶや揚げパン、卵など入りボリューム満点！

粽子 ヂョンズ
豚肉やピーナッツ、肉んぶなどを入れたチマキ

肉料理

香(炸)雞排 シャン(ヂャー)ジーパイ
手のひらサイズの台湾風唐揚げ。どこの夜市でも行列ができる人気グルメ

香腸 シャンチャン
台湾版ソーセージ。甘めで、八角などの調味料が入っている独特な味わい

豬腳 ヂュジャオ
豚足の煮込み。ご飯のお供に◎。台湾の専門店では部位を指定できる

三杯雞 サンベイジー
醤油、酒、黒ごま油で炒め煮した鶏肉。仕上げに台湾バジルをのせて

排骨 パイグウ
豚のスペアリブ。煮てご飯にのせたり、揚げたり。駅弁の定番メニュー

海鮮料理

花枝丸 ホアヂーワン
イカのすり身の揚げ団子。イカのプリッとした食感がたまらないおいしさ

烏魚子 ウーウィーズ
カラスミ。ボラの卵巣の塩漬けのこと。台湾みやげのひとつとして有名

蚵仔煎 オアヂェン
小さなカキの入ったとろみのある台湾風オムレツ。夜市の定番料理である

虱目魚 シームウィー
ミルクフィッシュと呼ばれる白身魚。焼いたり、スープに入れて食べる

紅蟳米糕 ホンシュンミーガオ
子持ちガニがたっぷり入った贅沢なおこわ。卵黄なども入っている

スープ・野菜

魚丸湯 ユィーワンタン
魚のすり身などが入っているあっさりスープ。朝食代わりにもおすすめ

餛飩湯 フントゥンタン
豚肉やエビなどの具が入ったワンタンスープ。キャベツやセロリと一緒に

鹹豆漿 シェンドウジャン
朝食メニューの鉄板、豆乳スープ。干しエビやザーサイが入っている

蛤蠣蒸絲瓜 ハーリーヂェンスーグア
ヘチマとハマグリの蒸し煮。ショウガがアクセントとなり、味わい深い

青菜炒 チンツァイチャオ
野菜炒めのこと。空芯菜やサツマイモの葉炒め、ホウレンソウなどを使う

122

オンラインレッスンや、いつか行く台湾旅で活用！
中国語会話

你～好♪ 謝謝

基本のフレーズ

日本語	中国語	読み
はい	是	シー
いいえ	不是	ブウシー
おはよう	早安	ザオアン
こんにちは／こんばんは	你好	ニーハオ
おやすみ	晚安	ワンアン
さようなら	再見	ザイジエン
ありがとう	謝謝	シエシエ
どういたしまして	不客氣	ブウクーチー
すみません	不好意思	ブウハオイースー
申し訳ございません	對不起	ドウェイブウチー
構いません	沒關係	メイグワンシー

日本語	中国語	読み
欲しい	要	ヤオ
いらない	不要	ブウヤオ
お願いします	拜託你	バイトゥオニー
いつ？	什麼時候？	シェンモシーホウ
何時？	幾點？	ジーディエン
私の名前は〇〇です	我的名字叫〇〇	ウォダミンズジャオ〇〇
日本から来ました	從日本來的	ツォンリーベンライダ
もう一度言ってください	請再說一遍	チンザイシュオイービエン
ここに書いてください	請寫在這裡	チンシエザイチョーリー

ショッピング＆レストランで使うフレーズ

日本語	中国語	読み
おいしい（食）／（飲料）	好吃／好喝	ハオチー／ハオフー
いくらですか？	多少錢？	ドゥオシャオチエン
高い	貴	グイ
安い	便宜	ピエンイー
きれい	漂亮	ピャオリャン
テイクアウト	外帶	ワイダイ
食べきれずに持ち帰る	打包	ダーバオ
イートイン	內用	ネイヨン
卵を加える	加蛋	ジアダン
鶏肉／牛肉／豚肉	雞肉／牛肉／豬肉	ジーロウ／ニュウロウ／ジュウロウ
酒／水／ビール／茶	酒／水／啤酒／茶	ジョウ／シュイ／ピージョウ／チャー
辛い／苦い	辣味／苦味	ラーウェイ／クーウェイ

日本語	中国語	読み
パクチー／八角	香菜／八角	シャンツァイ／バージャオ
お会計	買單	マイダン
お箸／皿／コップをください	請給我筷子／盤子／杯子	チンゲイウォクアイズ／パンズ／ベイズ
おすすめの料理は何ですか？	推薦的菜是什麼？	トゥエイジエンダツァイシーシェンモ
注文をお願いします	我要點菜	ウォヤオディエンツァイ
注文した料理がまだ届きません	我點的菜還沒來	ウォディエンダツァイハイメイライ
クレジットカードは使えますか	可以刷卡嗎？	クーイーシュアカーマ
タクシーを呼んでください	請幫我叫計程車	チンバンウォジャオジーチョンチョー
ここで降ろしてください	我要在這裡下車	ウォヤオザイチョーリーシアチョー
荷物を預かってもらえますか？	能寄放行李嗎？	ノンジーファンシンリーマ
日本語を話せる人はいますか？	有沒有會說日文的人？	ヨウメイヨウフェイシュオリーウェンダレン

旅でよく使う単語

日本語	中国語	読み
タクシー	計程車	ジーチョンチョー
バス	公車	ゴンチョー
MRT	捷運	ジエユン
パスポート	護照	フウヂャオ
トイレ	廁所／洗手間	ツースオ／シーショウジエン

緊急時のフレーズ

日本語	中国語	読み
助けてください！	救命！	ジウミン
頭が痛い／お腹が痛い	頭疼／肚子疼	トウトン／ドウズトン
吐き気がします	想吐	シャントゥ
熱があります	發燒	ファーシャオ
病院へ行きたいです	我要去看醫生	ウォヤオチュウカンイーション

時間

日本語	中国語	読み
今日	今天	ジンティエン
昨日	昨天	ズオティエン
明日	明天	ミンティエン
曜日	禮拜(星期)	リーバイ(シンチー)
日曜	星期天	シンチーティエン
月曜	星期一	シンチーイー
火曜	星期二	シンチーアール
水曜	星期三	シンチーサン
木曜	星期四	シンチースー
金曜	星期五	シンチーウー
土曜	星期六	シンチーリウ

数字

0	零	リン
1	一	イー
2	二／兩	アル／リャン
3	三	サン
4	四	スー
5	五	ウー
6	六	リウ
7	七	チー
8	八	バー
9	九	ジウ
10	十	シー
100	一百	イーバイ
1000	一千	イーチエン

東京交通ガイド&おうち台湾テクニック

出発前に読み込もう!

お得なきっぷやお役立ち情報を上手く活用すれば、ぐっとスマートに行動できる。
おうち時間には、最新の台湾情報や中国語学習をして、次回の台湾旅にしっかり備えよう!

東京を楽しむための交通情報

travel guide 01 本当にお得なきっぷBest 3

鉄道での移動に使える9種類ほどのお得なきっぷのなかでも、おすすめがこちら。 ※ICカードときっぷでは運賃が異なります。

Best 1 東京メトロ・都営地下鉄 共通一日乗車券 900円

東京メトロの初乗り170円を6回、都営地下鉄の初乗り180円を5回利用で元が取れる!

都心部の観光の移動にいちばん便利な地下鉄（東京メトロと都営地下鉄）が一日乗り放題のきっぷ。当日券は自動券売機で買える。

Best 2 都区内パス 760円

JRの初乗は140円。東京-西荻窪の往復で元が取れる!

23区内のJR普通列車（快速含む）の普通車自由席が一日乗り放題に。あらかじめ乗車区間が決まっている場合に、上手に利用したい。中央線で23区外の吉祥寺や武蔵境エリアを訪れる場合は、乗り越し精算に注意を。

Best 3 東京メトロ24時間券 600円

東京メトロの初乗り170円×4回利用で元が取れる!

東京メトロが使用開始から24時間乗り放題に。東京到着が午後の場合などに最適。沿線施設で割引などがある「ちかとく」（URL）chikatoku.enjoytokyo.jp/）を「東京メトロ・都営地下鉄共通一日乗車券」と同様に利用可。

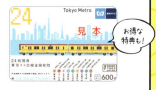

お得な特典も!

travel guide 02 お役立ちTravel Tips

覚えておこう! 東京での移動の際に、安心&お得な情報がこの4つ。

☑ 東京メトロのお得な「のりかえ」とは

これが目印!

いったん改札を出て、東京メトロから別の東京メトロの路線へとのりかえする場合、一部の駅では60分までの外出が可能! 駅を出てショッピングも、お茶だって楽しめます!（ICカード乗車券でもきっぷでもOK）ただし、きっぷや回数券で乗り換えをするときはオレンジ色の「のりかえ専用改札機」を使うこと。

☑ 乗降客数の多い駅「トップ10」では注意を

都内で乗降客数の多い駅（編集部調べ）は次の顔ぶれ。第1位・新宿、第2位・池袋、第3位・東京。続く新橋、高田馬場、上野、渋谷、有楽町、品川、四ツ谷までがトップ10。これらの駅の通勤ラッシュ時間帯の利用には注意を。特に大きな荷物を持っての移動は気をつけて。

☑ 都営バスは「均一料金の先払い」で安心

都内主要エリアを広くカバーする都民の足・都営バス。東京23区内では前方ドアから乗車したら均一料金210円を「先払い」するシステムなので迷う心配ナシ。もちろん交通系ICカードも利用可。気軽に利用してみよう。

☑ 階段を上る前に「案内サイン」を必ずチェック

案内サインを見て!

駅の同じホームからの移動でも、利用する階段&通路を間違えると、遠く離れた違う場所にたどり着いてしまうことも多い。次に乗りたい路線名や利用したい出口番号を「案内サイン」で必ずチェックしてから階段へ進もう。

都内は、無料シャトルやコミュニティバスも多いので、フル活用するとお得です!（東京都・健太）

もっと台湾を楽しむ便利情報

technique 01 台湾情報をいち早くキャッチするには

フォーカス台湾
URL japan.cna.com.tw
台湾の国営通信社「中央社」の日本語サイト。政治から芸能まで台湾のあらゆる話題を日本語で発信している。

台湾観光局
URL jp.taiwan.net.tw
台湾観光情報やお得なキャンペーンを紹介。毎月配信されるメールマガジンでは旬な台湾情報を発信している。

おきらく台湾研究所
@okiraku_tw
Twitterで台湾情報を毎日発信！ 話題のグルメから旅、エンタメ、社会問題まで広く深く取り上げている。

よくばりたびこの旅ノート
URL yokubaritabi.com
大人台湾を楽しむ方向けの旅の情報サイト。台湾からのお取り寄せをはじめ、日本国内の台湾スポットも発信中！

サンエン台湾
YouTube サンエン台湾
ディープな台湾情報を発信するYouTubeチャンネル。台湾現地から最新の台湾事情をわかりやすく紹介する。

technique 02 中国語・台湾語学習におすすめのアプリ、YouTubeチャンネル

台湾で使われる公用語は、北京語をもとに作られた言葉で、台湾華語や國語と呼ばれている。漢字は繁体字を使う。台湾語は、もともと台湾にある言葉で、台湾中南部では日常的に使われている。

アプリ

Pleco Chinese Dictionary
超便利なのに無料！
中国語（繁体字）辞書アプリ。iOS・アンドロイド用。手書き入力可能で、初心者でも使いやすい。フラッシュカード機能で単語学習も。オフライン利用可。

Tandem
世界で数百万人が登録している言語交換アプリ。文字チャット、音声チャット、音声通話、ビデオ通話から選べる。アプリ内蔵の添削機能や翻訳機能も。

貓熊教室
台湾の注音符号（ボボモフォ）を学べる。小学生でも使える親切機能で、聞きたい注音をタッチすると発音してくれる。クイズ内蔵で楽しみながら学べる。

タイワンダー☆と台湾語
台湾語学習アプリ。iOS用。日常で使う400以上の単語やフレーズを収録する。台湾全土を電車で巡り、駅ごとにテーマの違う言葉を学べるゲームも。

YouTubeチャンネル

超級爺爺 SuperG
2ヵ国語字幕！
在台日本人作家・木下諄一さんのチャンネル。日々のできごとや、日本と台湾の文化の違いをテーマに配信中。全編、中国語と日本語を併記！

一緒に学ぼ♪

小飛と台湾中国語
台湾で生まれ育ち、現在は日本在住。台湾旅行がぐっと快適になる使える台湾華語、台湾語を基礎からていねいに教えてくれる。

technique 03 台湾なものをゲットできるオンラインショップ

神農生活 URL shop.d-kintetsu.co.jp/shop/e/eG00-sl/ →P.98
kkday URL www.kkday.com/ja →P.42, 79, 97
Pinkoi URL jp.pinkoi.com →P.26, 73, 76, 79, 86, 92
俬好我好 URL www.nihaowohao.net →P.26, 76, 79, 94
來好 URL www.laihao.com.tw/?locale=ja →P.95

technique 04 インスタで旬情報を探すときのハッシュタグ

東京で楽しむ台湾
#東京で台湾気分　#おうち台湾

台湾の旬情報
・グルメ……#台灣美食 #咖啡廳
・ニューオープン……#新開幕
・フォトジェニックスポット…#打卡景點 #網美景點
　#ig打卡熱點

東京交通ガイド&おうち台湾テクニック

都内散策はシェアサイクルもおすすめ。事前登録すれば、専用ステーションで借りて目的地付近で返すだけ！

index ：プチぼうけんプランで紹介した物件

見る・遊ぶ

	名称	エリア	ページ	MAP
ア	Our Favorite City ~ニッポン×タイワン オンガクカクメイ~	オンライン	11	—
	HISオンライン体験旅行	オンライン	42・100	—
	オンライン茶道教室	オンライン	41	
カ	KKday	オンライン	42・79・97	—
	五千頭の龍が昇る聖天宮	坂戸市	34	**114-A2**
サ	新富麗華カラオケ	池袋	109	**116-B1**
タ	台北駐日経済文化代表処台湾文化センター	虎ノ門	39	**118-A2**
	台湾Culture Meeting	—	11	
	台湾茶ドットネット	オンライン	41	
	茶事居	オンライン	41	
	東京媽祖廟	新大久保	17・32	**116-C1**
ハ	hoja kitchen	台湾	40	
ヤ	横浜関帝廟	横浜中華街	112	**121-B1**
	横浜媽祖廟	横浜中華街	34・113	**121-B2**
ラ	LEMNISTY	自由が丘	35	

食べる

	名称	エリア	ページ	MAP
ア	AKUBI	渋谷	25・58・68	**115-C2**
	浅草豆花大王	浅草	63	**117-B4**
	一芳 イーファン 新大久保店	新大久保	61	**116-C1**
	呉さんの台湾料理 ウーサンのタイワンリョウリ	荻窪	18	**114-B1**
	also	白山	24	**116-B2**
カ	神楽坂ワインハウス「バイザグラス」	神楽坂	56・111	**116-C2**
	Cayuzo お粥と汁一担々麺	池尻大橋	49	**118-B1**
	KIKICHA TOKYO キキチャトーキョー	吉祥寺	19・55・103	**115-A1**
	喫茶去 一芯二葉	西荻窪	19	**115-A2**
	GRAND CASTELLA 東京スカイツリータウン・ソラマチ店	押上	44	**117-C4**
	黒工号 新高円寺店	新高円寺	18・65	**114-B1**
	香林坊	中野	25	**114-B2**
	CoCo 都可 高田馬場店	高田馬場	61	**116-B1**
	ゴンチャ エトモ自由が丘店	自由が丘	107	**120-C1**
サ	騒豆花 サオドウファ ルミネ池袋店	池袋	63	**116-B1**
	39茶	高円寺	18	**114-B1**
	自慢茶軒TOKYO	門前仲町	67	**119-A4**
	家豆花 ジャドウファ	浅草橋	63	**117-C3**
	笑龍	恵比寿	59	**118-B1**
	京鼎樓 シンティンロウ 恵比寿本店	恵比寿	47	**118-B1**
	新カステラ	高円寺	18・44	**114-B1**
	新台北 下北沢本店	下北沢	55・105	**121-A2**
	石頭楼アネックス	六本木	59	**118-A2**
タ	台味弁当	三鷹	19	**115-A1**
	大二郎の小籠包	東中野	18・47	**116-C1**
	台北餃子専門店 張記 経堂店	経堂	10	**114-B1**
	台北餃子 張記 西荻窪店	西荻窪	53・103	**115-A2**
	台湾蛋糕 東急プラザ銀座	有楽町	44	**120-A1**
	大浪漫商店	下北沢	57・104	**121-A1**
	台湾唐揚 横濱炸鶏排 吉祥寺店	吉祥寺	45・102	**115-A1**
	台湾唐揚 横濱炸鶏排 横浜中華街本店	横浜中華街	112	**121-B2**
	台湾綺鶏	下北沢	104	**121-A1**
	台湾キッチンかのか	駒込	51・57	**116-B2**
	台湾佐記麺線＆台湾食堂888	新宿	17	**116-C1**
	台湾鶏排とタピオカミルクティーの店 KAPI TAPI	渋谷	45	**115-B1**
	台湾チャイニーズ 天天厨房	千歳烏山	53	**114-B1**
	台湾式朝御飯 喜喜豆漿	雑色	49	**114-C2**
	台湾席茶 蓮月庭	自由が丘	24・26・78・107	**120-C1**
	台湾茶カフェ 狐月庵	千駄木	57・67・75	**117-B3**
	台湾茶カフェ茶嘉葉	阿佐ヶ谷	18	**114-B1**
	台湾茶藝館 桜樺苑	三軒茶屋	66	**114-B2**
	台湾カフェ 月和茶	吉祥寺	57・78・102	**115-A1**
	台湾茶葉専門店 茶工廠 自由が丘店	自由が丘	106	**120-C1**
	台湾甜商店 新宿店	新宿	17・44・65・99	**116-C1**
	台湾客家料理 新竹	上野	51	**117-C3**
	台湾バーガー 福包	中野	18	**114-B2**
	台湾麺線	新橋	45・54	**119-A3**
	台湾料理 光春	下北沢	52・105	**121-A2**
	台湾料理 香味	新橋	50・52	**119-A3**
	台湾料理 麗郷 富ヶ谷店	代々木公園	51	**118-A1**
	茶々坊 東向島店	東向島	61	**117-B4**
	Cha Nova 台湾茶飲料専門店	銀座	67・80	**120-A2**
	春水堂 チュンスイタン 飯田橋サクラテラス店	飯田橋	111	**116-C2**
	春水堂 チュンスイタン 渋谷マークシティ店	渋谷	10・25・61・68	**115-B1**
	TSUMUGU CAFE	池袋	49・108	**116-B1**
	鼎雲茶倉	横浜中華街	113	**121-B1**
	鼎's by JIN DIN ROU 自由が丘店	自由が丘	106	**120-C2**
	鼎泰豐 ディンタイフォン 東京駅八重洲口店	東京八重洲	16・46	**119-A3**
	天香回味 テンシャンフェイウェイ 日本橋本店	日本橋	59	**117-C3**
	東京台北夜市	デリバリー	10	—
	東京台湾	中目黒	52・68	**118-B1**
	東京豆乳生活	五反田	48	**118-C2**
	東京豆花工房	神田	16・63	**117-C3**
ハ	BAR燐光	神楽坂	111	**116-C2**
	PAIRON	神楽坂	110	**116-C2**
	PARADISE DYNASTY	銀座	46	**120-A1**
	ビーフン東	新橋	55	**120-B1**
	Hibusuma	都立大学	47	**114-B2**
	帆帆魯肉飯 ファンファンルーロウファン	三軒茶屋	24・56	**114-B2**
	富錦樹台菜香檳 フージンツリー	日本橋	22・53	**117-C3**
	福楼	横浜中華街	113	**121-B1**
	FUJI COMMUNICATION	神楽坂	57・110	**116-C2**
	ブタまんず	巣鴨	54	**116-B2**
	Boiling Point	渋谷	58	**115-B1**
マ	街角饅頭店 吉祥天	西荻窪	54・103	**115-A2**
	MeetFresh 鮮芋仙 丸井吉祥寺店	吉祥寺	65	**115-A1**

	名称	エリア	ページ	MAP
	民生炒飯 横浜中華街店	横浜中華街	112	121-B2
	明天好好 ミンテンハオハオ	中目黒	62	115-C1
	MEILI	下高井戸	24・77	114-B1
▶	麺線屋 formosa	二子新地	25	114-C1
ヤ	有夏茶房	池袋	108	116-B1
	友誼商店・友誼食府	池袋	55・109	116-B1
	陽光城	池袋	109	116-B1
	四ツ谷一餅堂	四ツ谷	17・49・55	116-C2
ラ	LaTREE 果茶果酒	原宿	10	118-A1
	林家排骨 リン・パイコー	浅草	10・45	117-B4
▶	鹿茶 ルーガン	上町	24	114-B1
ワ	WORLD BREAKFAST ALLDAY 吉祥寺店	吉祥寺	49・102	115-A1
	萬波 上野店	上野	61	117-C3

買う

	名称	エリア	ページ	MAP
ア	▶ 阿美パン	荏原町	26・78	114-C2
	一番屋	オンライン	27	—
	expo	日本橋	21	117-C3
	O'right	日本橋	87	117-C3
カ	CACAO STORE	代々木公園	81	118-A1
	▶ 華countries服務社	新大久保	17・83	116-C1
	▶ 株式会社Harawii	オンライン	97	—
	KAVALAN公式オンラインショップ	オンライン	68	—
	KALDI COFFEE FARM	各地	83	—
	業務スーパー	各地	83	—
	銀座・三徳堂	銀座	75	120-B1
	▶ 郭元益 クォゥエンイー	日本橋	22・79	117-C3
	▶ Good Taiwan	武蔵小金井	19・70	114-B1
	CLASKA	オンライン	72	—
	keiko在台湾	オンライン	71	—
	巷弄 コウロウ	台湾	93	—
サ	▶ サニーヒルズオンラインストア	オンライン	27	—
	サニーヒルズ南青山店	青山	79・81	118-A2
	佳徳糕餅 ジアドーガオビン	台湾	79	—
	JNFネイル	オンライン	87	—
	舊振南餅店 ジウチェンナンビンディエン	台湾	79	—
	小茶栽堂 シャオチャーザイタン Zenique	台湾	79	—
	小日子 シャオリーズー	台湾	93	—
	手天品 ショウティエンビン	台湾	79	—
	神農生活 近鉄百貨店ネットショップ	オンライン	98	—
	錦源興 ジンユアンシン	台湾	92	—
	Speio	オンライン	11	—
	SUNMAI日本公式サイト	オンライン	68	—
	▶ 誠品生活市集	日本橋	21	117-C3
	▶ 誠品生活日本橋	日本橋	16・20・26	117-C3
	▶ 誠品文具	日本橋	21	117-C3
タ	▶ 大同電鍋 楽天市場店	オンライン	28・99	—
	台湾味	オンライン	98	—
	台湾エスニック雑貨店	台湾	96	—
	台湾タイル博物館	台湾	73	—
	台湾甜商店	オンライン	99	—
	台湾楽鍋	オンライン	99	—
	▶ ダスカコレクション	オンライン	27・99	—
	茶日子 Dae by Day	オンライン	11	—
	沁園 チンユエン	台湾	76	—
	燕堂	オンライン	71	—
	DAYLILY 誠品生活日本橋店	日本橋	61・84	117-C3
	DR.WU	オンライン	87	—
	TOMOESAVEUR	オンライン	81	—
	▶ 東京豆漿生活オンラインストア	オンライン	27・80	—
ナ	南國超級市場	オンライン	71	—
	▶ 你好我好 ニーハオウォハオ	台湾	26・76・79・94	—
ハ	はちかくストア	自由が丘	107	120-C2
	HAO-YIFU	自由が丘	72・107	120-C2
	Harawii	台湾	97	—
	▶ P.Seven 茶香水	日本橋	23	117-C3
	birkahve	阿佐ヶ谷	73	114-B1
	Pinkoi	台湾	26・73・79・86・92	—
	FUWAN CHOCOLATE	台湾	81	—
	HEY SUN	台湾	93	—
	PaperShoot	オンライン	93	—
	本屋を旅する BOOKSHOP TRAVELLER	下北沢	105	121-A2
マ	母系社会 ムーシーシャーフイ	台湾	92	—
	Melo Coffee	台湾	77	—
ヤ	阿原 ユエン	日本橋	23・86	117-C3
	遊茶	表参道	74	118-A1
	陽光城	池袋	109	116-B1
ラ	來好 ライハオ	台湾	95	—
	la vie bonbon	台湾	79	—
	Ready to Shine	オンライン	11	—
	▶ 琅茶 ランチャー Wolf Tea	台湾	27・76	—
	RIRI MARKET	下北沢	104	121-A2
ワ	我的美麗日記	オンライン	87	—
	王德傳 ワンダーチュアン 日本橋店	日本橋	75	117-C3

キレイになる

	名称	エリア	ページ	MAP
ア	▶ ahsin hair room 池袋店	池袋	36・108	116-B1
カ	▶ 銀座足庵 銀座店	銀座	89	120-B2
	▶ 銀座ときた鍼灸治療院	銀座	37	120-B1
	▶ 健美鍼灸院	銀座	37	120-B1
サ	▶ 舒爽館	東新宿	88	116-C1
	全日本柔拳連盟 渋谷駅前教室	渋谷	90	115-C2
ハ	▶ バレリアン カッサ&カッピング専門サロン表参道店	表参道	37	118-A2
	Foot Therapy コレド日本橋店	日本橋	89	119-C3
マ	▶ 満足	銀座	89	120-A2

127

STAFF

Producer
斉藤麻理

Editor & Writer
株式会社トラベル・キッチン（ぬくいゆかり、大西稚恵）、尾崎祐子、松本光子

Photographers
上原浩作、竹之下三緒、松本光子、上原ゆふ子、©iStock

Designers
上原由莉、竹口由希子、丸山雄一郎、岡崎理恵、稲岡聡平、久保田りん、山田安佳里

Illustration
赤江橋洋子、TAMMY、みよこみよこ

Maps
株式会社アトリエ・プラン

Illustration map
みよこみよこ

Proofreading
ひらたちやこ

Special Thanks to
市川紀子、呉宣足、佐伯里紗、于碧琦、ryu、林家卉
東京メトロ、東京都交通局、JR 東日本

この地図の制作にあたっては、インクリメント・ピー株式会社の地図データベースを使用しました。
©2020 INCREMENT P CORPORATION & CHIRI GEOGRAPHIC INFORMATION SERVICE CO., LTD.

地球の歩き方 aruco 東京で楽しむ台湾

2021 年 8 月 3 日　初版第 1 刷発行

著作編集	地球の歩き方編集室
発行人・編集人	新井邦弘
発 行 所	株式会社地球の歩き方
	〒141-8425　東京都品川区西五反田 2-11-8
発 売 元	株式会社学研プラス
	〒141-8415　東京都品川区西五反田 2-11-8
印刷製本	株式会社ダイヤモンド・グラフィック社

※本書は 2021 年 3 ～ 4 月の取材に基づいていますが、営業時間と定休日は通常時のデータです。新型コロナウイルス感染症対策の影響で、大きく変わる可能性もありますので、最新情報は各施設のウェブサイトや SNS 等でご確認ください。また特記がない限り、掲載料金は消費税込みの総額表示です。
更新・訂正情報：https://book.arukikata.co.jp/support/

✉ **本書の内容について、ご意見・ご感想はこちらまで**
〒141-8425　東京都品川区西五反田 2-11-8
株式会社地球の歩き方
地球の歩き方サービスデスク「aruco 東京で楽しむ台湾」投稿係
URL https://www.arukikata.co.jp/guidebook/toukou.html
地球の歩き方ホームページ（海外・国内旅行の総合情報）
URL https://www.arukikata.co.jp/
ガイドブック『地球の歩き方』公式サイト
URL https://www.arukikata.co.jp/guidebook/

● **この本に関する各種お問い合わせ先**
・本の内容については、下記サイトのお問い合わせフォームよりお願いします。
URL https://www.arukikata.co.jp/guidebook/toukou.html
・広告については　Tel ▶ 03-6431-1008（広告部）
・在庫については　Tel ▶ 03-6431-1250（販売部）
・不良品（乱丁、落丁）については　Tel ▶ 0570-000577
学研業務センター　〒354-0045　埼玉県入間郡三芳町上富 279-1
・上記以外のお問い合わせ　Tel ▶ 0570-056-710（学研グループ総合案内）

Line up! aruco シリーズ

国内
東京
東京で楽しむフランス
東京で楽しむ韓国
東京で楽しむ台湾

海外

ヨーロッパ
① パリ
⑥ ロンドン
⑮ チェコ
⑯ ベルギー
⑰ ウィーン／ブダペスト
⑱ イタリア
⑳ クロアチア／スロヴェニア
㉑ スペイン
㉖ フィンランド／エストニア
㉘ ドイツ
㉜ オランダ
㊱ フランス
㊲ ポルトガル

アジア
② ソウル
③ 台北
⑤ インド
⑦ 香港
⑩ ホーチミン／ダナン／ホイアン
⑪ バリ島
⑬ 上海
⑲ スリランカ
㉒ シンガポール
㉓ バンコク
㉗ アンコール・ワット
㉙ ハノイ
㉚ 台湾
㉛ セブ／ボホール／エルニド
㉞ ダナン／ホイアン／フエ

アメリカ／オセアニア
⑨ ニューヨーク
⑫ ホノルル
㉔ グアム
㉕ オーストラリア
㉝ カナダ
㉝ サイパン／テニアン／ロタ
㉟ ロスアンゼルス

中近東／アフリカ
④ トルコ
⑧ エジプト
⑭ モロッコ

読者プレゼント
ウェブアンケートにお答えいただいた方のなかから抽選ですてきな賞品を多数プレゼントします！詳しくはチラシとウェブサイトをチェック☆
感想教えてください～♪
応募の締め切り **2022 年 7 月 31 日**

URL https://www.arukikata.co.jp/guidebook/enq/arucotok

© Arukikata. Co., Ltd.
本書の無断転載、複製、複写（コピー）、翻訳を禁じます。
本書を代行業者等の第三者に依頼してスキャンやデジタル化することは、たとえ個人や家庭内の利用であっても、著作権法上、認められておりません。
All rights reserved. No part of this publication may be reproduced or used in any form or by any means, graphic, electronic or mechanical, including photocopying, without written permission of the publisher.
学研の書籍・雑誌についての新刊情報・詳細情報は、下記をご覧ください。
学研出版サイト　URL https://hon.gakken.jp/